童話逆思維

破框思考的床邊故事，培養孩子成長最需要的創意、思考與對話

親職溝通作家 **羅怡君**／著

Foreword

推薦序

再思考、再穿越，童話故事也有新宇宙

作家、企業講師／火星爺爺

一讀書稿，我就拍案，這果然就是怡君會寫的書。

我認識怡君很多年了，看著她從結婚，有小孩，一路成為人氣作家。她總是不畏權威，總是獨立思辨，總是跳脫框架找到自由。

這回，她挑上童話故事。

所有的孩子，都是聽童話長大，但是那不意味童話說的都對。當我們固著在一則童話，緊抱童話的思想不放，我們就看不到其他可能，無法穿越到其他童話平行宇宙。

怡君恰像是故事導遊，透過這本書帶領你造訪，同樣的人物在不同童話故事宇宙，可以是什麼面貌。

我覺得這是一種再思考，一種想像的擴大，一種「解除安裝」。有這種能力的人，很難被困住，他會非常自由。因為面對任何不合理、不合適、不喜歡的事，他知道他可以「拋棄繼承」，為自己的人生換一個故事。

多年前，有家長問我，怎麼培養孩子說故事的能力？

我覺得有四個階段，第一個是「聽」，重複聽，一直聽，幾乎忘不掉。

第二階段是「說」，讓孩子試著用自己的方式，把故事說出來。

第三個階段是「想」，比方小紅帽，為什麼去給外婆送蛋糕的是小紅帽？為什麼大野狼別的不好吃，要去吃小紅帽跟她的外婆？

第四階段是「編」，如果小紅帽遇上的不是大野狼，是小老鼠、小白兔、大老虎，會怎樣？如果小紅帽跟她哥哥小藍帽一塊去，又會怎樣？

四個階段，「聽、說、想、編」，怡君在「想」、「編」，做了完美示範。

我的觀察是，會說故事的人，通常也是頭腦清晰、會尋求各種可能性的人。怡君一直都是。她這樣改寫故事給你看，也同樣在自己的生命中實踐。

書中，那麼多則改寫的故事，我最有感的是「醜小鴨」。人家覺得你是誰，並不重要。你不是那個身分、那個樣子。世界很大，你可以找到適合你的角落，保持開闊，你終究會明白，你是一個無垠的存在。

每一個童話故事，都提供一種價值觀，讓孩子降落。

怡君讓我們知道，我們可以降落，但不需要落戶。

你可以藉由這本書，開始跟你的孩子練習。

我們跟孩子都是自由的，可以自由穿越多元的童話宇宙。

當穿越變成習慣，我們跟孩子的創意和想像，就開始了。

Preface

作者序

經典故事流傳的意義，是等著我們接力改造

羅怡君

女兒小時候有將近半年的時間，每天必翻出抽屜裡那張白雪公主 DVD 反覆看好幾次，雖然我知道這是幼兒時期的「重複行為」，不僅能建立她的安全感，也是大腦學習的過程，但每當開場樂一出現，我的頭就不禁疼了起來。

然而我一點也想不起來為什麼我家會有這張 DVD，至於其他安徒

生童話、格林童話、伊索寓言，好像不知不覺就蔓延孩子所有生活，從保母家、幼兒園、圖書館、地下街書攤，甚至夜市裡都能看到童話故事貼紙書。

長大之後，這些故事對她而言有什麼特別意義嗎？我也拿這個問題問自己。這些家喻戶曉、跨國界、跨文化的經典故事，為什麼能讓人如此自然輕鬆記得內容，甚至想要主動流傳給下一代？

另一個相似案例就是芭比娃娃，唯一差別在於芭比公司會定期推陳出新，加入當代社會的議題與創意表現，因此回顧每個階段的芭比，已成為結合當下社會文化意涵的經典象徵；然而有趣的是，儘管實際上每個芭比都不一樣，但我們仍認可所有創作都屬於心中的「那個芭比」。

那麼我們也能嘗試改寫經典童話嗎？歷經時代洗鍊仍被記憶傳誦、再熟悉不過的情節，或許正代表所有人一生都將面臨的考驗與挑戰，而屬於我們這個世代的反應、想法和行動，也應該能成為新的情節結局，成為觀看不同時代思維的一種索引。

正是這樣的念頭，開啟這本書的歷程。只不過……

編故事不難，難的是要反問自己：為什麼要這樣寫？想表達什麼？

寫故事不難，難的是要檢視自己：這好像有點「說教」了？

改故事不難，難的是要審問自己：你會想看這故事第二次嗎？

經過這三道提問之後，架構在原本情境基礎的故事發展，開始漸漸能反映出價值觀和人生態度，加上一些創意和想像的技巧，期待讀故事的大人孩子們先感受到某些衝突、疑問，然後不自覺也進入思考與自我對話的過程。

沒有人不喜歡聽故事，但我發現，人不一定會記得誇張情節的故事，但會記得那些恰恰撫慰自身弱點、切中心事想望的故事，在未來做決定的時刻浮出某些故事來，因此過去我曾經歷過的掙扎、脆弱、新生和各種思索，也都成為故事裡的一部分，或許讀者也可以猜猜哪些是「故事背後的故事」。

改寫故事可以從不同起點切入，由於這本書想收納有關教養的討論，挑選出來改寫的故事會圍繞「教養考古題」，這些議題也很「經典」，下筆時非常期待兩者之間的碰撞。其實交稿後很久沒有打開檔案，如今寫自序之時再看一次，我彷彿在讀別人的作品，回憶當時點開空白檔案創作新故事時，我順著思緒潛意識奔走停頓，連自己都很好奇故事最後會長成什麼樣子。

聽故事的魔力或許很多人體會過，這次改寫經典故事而經歷的奇幻旅程告訴我：我們每個人都是一個豐富精采的故事，任何生命中發生的好事壞事，都是創作「你」的重要情節；花時間好好重讀自己，我們也能替自己未來寫下各種版本，人生的選擇不是誰給予的，而是自己創造的。

CONTENTS

目錄

PART 2
真相可能跟你想的不一樣

PART 1

天賦是能力還是限制

STORY 01

《三隻小豬》其實人生最需要勤勞使用的部位是……大腦

童話原著

三隻小豬漸漸長大，準備離開媽媽各自獨立生活。豬大哥用一天的時間就搭建好茅草屋，得意洋洋地請兩位弟弟來作客，豬二哥很佩服，但豬小弟卻擔心地問：難道不怕被吹走嗎？

於是豬二哥想了想，選擇用木頭搭建房子，花了好幾天搬木頭、鋸木頭，完成後也邀請大家來作客，豬小弟看了看四周說：的確不怕被風吹走，不過用力敲打還是可能倒耶。

最後豬小弟選擇用磚頭蓋的房子，用水泥一層層堆疊磚塊砌牆，整整花了一個月才蓋好，豬大哥和豬二哥也覺得很漂亮堅固，只是也花太多時間了吧！

不料沒過多久，大野狼發現這三隻小豬的蹤跡，小豬們各自跑回家裡躲起來。大野狼先來到豬大哥家門口，雖然門上了好幾道鎖，不過大野狼大吸一口氣往房子吹，茅草屋竟被吹倒了，豬大哥趕緊逃到豬二哥的小木屋裡，大野狼這次換了方法，後退幾步再向房子衝撞，幾次之後木屋的門也搖搖欲墜，豬大哥和二哥立刻逃到豬小弟家去。

豬小弟打開門讓哥哥們進來，信心十足地要哥哥們別擔心，磚頭屋既不會被吹垮也不會被撞倒。大野狼故技重施幾次之後發現屋子不動如山，只好悻悻然離開。三隻小豬靠著豬小弟蓋的堅固房子躲過一劫，從此之後便攜手同心、勤勞過生活了。

原有寓意　做事不能偷懶取巧，否則會自食其果。

雖然沒有正式統計，但是《三隻小豬》絕對是被改編的童話故事前三名，不僅是學校老師們經常運用的寫作素材，國外也有許多相關的改編繪本，國內已翻譯出版的包括：《豬頭三兄弟》、《三隻小豬的真實故事》、《三隻小狼和大壞豬》，這些改寫或續寫的故事，開展不同的閱讀視角與樂趣，足以可見這個故事的經典地位。

包括《三隻小豬》在內，這麼多故事都不斷強調勤勞，勤勞絕對不是過時的概念，現今出版的各種財經商管書籍，都是鼓勵每個人積極地從各方面自我成長，一個偷懶無法自律的人，不論古今中外都會面臨極大挑戰。不過我好奇的是，為什麼蓋茅草屋的豬大哥就是最懶惰的？蓋磚頭屋的豬小弟又為什麼代表勤勞？難道是因為豬大哥打從一開始就想偷懶嗎？只是因為磚頭房子必須蓋得比較久，豬小弟不怕吃苦、願意付出更多心力，就認定是勤勞嗎？

多數版本裡，豬小弟是最後一個才開始動工蓋房子的。一聽到要蓋房子，豬大哥可說是「行動派」，馬上採用最熟悉的材料——茅草搭建，取得容易、工法簡單，一天即可搞定；豬二哥則代表「心安派」，覺得豬小弟的提醒有點道理，所以針對容易一吹就倒的缺點加以改善之後，也就隨之動工了。注意到了嗎？在採取行動前有花時間觀察、思考的其實只有豬小弟而已。與其歸功於勤勞，不如讚美豬小弟願意「謀定而後動」，他先動腦袋思考大野狼可能攻擊的各種方式，最後才決定用磚頭蓋屋，否則若選錯材料，即使願意勤勞地付出也可能白忙一場啊！

改寫練習：如果故事長這樣……

版本一 只要用腦，茅草屋也沒問題

當豬媽媽請三隻小豬離家獨立的時候，三隻小豬們便聚在一起討論到底該蓋什麼樣的房子。豬大哥自小就不喜歡體力活，馬上就想到輕便簡單的茅草屋，只要一天就能完成，加上茅草容易取得、成本低，的確是個不錯的選擇。

此時豬小弟問：「難道不怕大野狼找上門，用力吹幾下可能就垮了耶？」

豬大哥想了幾秒之後眉開眼笑地回答：「這是個好問題，不過我也想到方法囉！蓋茅草屋方便又迅速，我不只蓋一個，我可以隨心所欲想

蓋幾個就幾個，還可以有不同的主題房間呢！每天換一間房子住，大野狼要找我可要碰運氣，猜猜我在哪一間，不然就乾脆把每一間茅草屋都吹垮囉！

喔！對了，我還可以把其中幾間免費借給『特殊房客』，嘿嘿，如果大野狼不小心吹錯房子，那可能就要自己收拾後果喔，哈哈！」

豬二哥聽了，立刻加入蓋「連鎖茅草屋」的行列，牠們一起足足蓋了二十間茅草屋，有些門口還掛著牌子寫著「大熊度假中」、「鬣狗開趴勿擾」、「大象不歡迎你」、「獅子在這裡」……。大野狼想要飽餐一頓，這下子不只要出力，還得先動腦才可以！

雖然豬小弟覺得很有創意，但是牠也動腦思考了一下：「我還是蓋磚頭屋以防萬一、分散風險，現在這樣我就可以慢慢蓋，蓋一棟可以容納三兄弟的大房子好了！」

至於大野狼呢？後來牠實在覺得要吃到這三兄弟好麻煩，就暫時不吃豬肉吃別的囉！

這個版本發想來自《七等於多少？瑞典式創意教育》這本書，當中提到多數教育通常想讓孩子算出三加四等於多少，但若反過來提問，七等於多少？那麼就會有非常多的答案組合，不僅達到練習加法的目的，探索過程更能活化思維。

自身的提問方式或使用句型習慣，正是我們慣性思考的展現。若我們針對一個想要解決的現象，嘗試進行不同的提問，或許就可以產生截然不同的創意想法。若拿三隻小豬為例，提問可以是：

茅草屋很容易被吹倒怎麼辦？

要怎麼用茅草屋躲過大野狼？

大野狼會怎麼找尋我們（小豬）？

發現了嗎？提問就像指南針，決定你要去的目的地，這三個問題層次不同，你認為小豬思考哪一題最好呢？版本一的故事，只是嘗試回應第二個提問而已，你發現了嗎？

版本二　三個臭皮匠贏過諸葛亮的原因，絕對不是勤勞

長大後必須離開媽媽、準備獨立生活的三隻小豬們，原本正在討論該蓋什麼樣的房子，豬小弟提醒大家磚頭房子最牢固，不怕風吹也不怕外力撞擊，可以安心不怕大野狼。原本打算蓋茅草屋和木頭屋的豬大哥

與二哥，雖然覺得很有道理，但是想到身為小豬力氣有限，若要蓋一棟堅固的磚頭屋需要一段時間，這期間總要有棲身之地，不然房子還沒蓋完，三隻小豬可能就少一兩隻了。

這麼一想，還不如三個人一同蓋棟堅固的房子一起住？加快速度之外，也能互相照應。

很快就達成協議的三兄弟立刻進入計畫籌備的討論，若想要蓋符合三人需求又穩固的房子真不容易，即使三個人合作，也需要更大空間而擴大工程，並不如預期加快速度就好。不過已經共同討論夢想藍圖的三兄弟，沒有人想放棄這個方案，反而開始動起腦袋：要怎麼做才能最快完成美夢呢？

三隻小豬詳細計畫之後，開始拜訪附近的鄰居動物們，邀請有意願的朋友一起分工，每位只需要負擔部分工作，代價就是完工之後舉辦過夜 party，請大家試住一晚並享用大餐。這樣的條件，大家會答應幫忙嗎？

其實原本只想蓋茅草屋的豬大哥，平常花很多時間在朋友身上，有時傾聽別人訴苦、有時候串門子還順路跑腿……，這次多虧豬大哥的好人緣，讓這個計畫順利實踐，不僅敦親睦鄰，也能在施工期間多了很多「雙眼行動監視器」，動物們分別輪值早班、晚班和夜班，大野狼絕對不敢輕舉妄動啊！

寫下這個版本，純粹是覺得要自己蓋一間房子好累啊，這真的是最有效率的方式嗎？

蓋一間堅固的房子需要比較久的時間，這件事有可能改變嗎？

若想要又快又好，該怎麼做呢？

誰說偷懶不好？想要偷懶，就是人類文明進步的動力之一啊！從以上這三個提問就能思考推敲出「聰明偷懶」的對策，或許你腦中也有屬於自己的版本故事囉。

故事的另一個趣味點在於邀請各種不同生活習性的動物合作，有早起的晨間動物、傍晚出沒最有精神的動物，當然還有夜行性動物，誰也沒有「加班」，卻可以成為全天開工無休的工地。身為動物界智商前幾名的小豬們，要發揮的正是這種整合能力，創造多方「共贏共好」的局面，這才是故事最美好的發展。

教養思維再進化

不知道大家覺得自己的孩子比較像是哪一隻小豬呢？

有些孩子個性比較急，什麼事都衝第一個，或者很想趕快把事情完成就好，沒有深思熟慮的習慣，也不想追求極致做到最好；有些孩子沒有特別想法，中規中矩也不上不下，凡事溫溫吞吞的，保持中庸是最安心的生存之道。當然，還有過度謹慎或悲觀，總是想到負面結果而躊躇不前的孩子，這時候我們又希望他們別想那麼多，先做再說吧！

仔細想想不論是哪一種，爸媽總是找得出孩子值得改進或擔心之處，這到底是誰的問題呢？

在知名小說《時間的皺摺》裡有一句名言：「你的缺點就是你的禮物。」若我們認同每個人都是獨一無二的設計，那麼找尋這個缺點的意義和功能，或許就是人生最重要的任務：好好了解自己，並把自己安放到這個世界裡的適當位置上，發揮一個人的價值。

當我們思考著「如何改進缺點」，不如思考「這項特質會在何時何地發揮功能？」

舉例來說，從小被長輩叨唸「屁股有三根針」的我，是個坐不住沒耐心、無法持之以恆，常常被新奇事物吸引的小孩，一路求學也經常聽到：「要是再多努力一點、堅持一下，說不定現在就不一樣了……」這類建議；直到畢業後我進入電視台工作，不僅很快適應職場節奏，也很享受求新求變的工作內容，我的「缺點」反而成為不可或缺的人格特質，第一次感受如魚得水的自在與自信。

僅僅需要調整思考方向，所有的「個性」、「特質」就有機會擺脫原本被貼上的評價標籤，帶領我們去突破原有的慣性生活，尋找屬於自己的舞台，體驗與生俱來的「天賦禮物」吧！

STORY 02

《龜兔賽跑》只說一半的勵志，是害人不淺的故事

童話原著

一隻勤勞的烏龜和一隻驕傲的兔子約好一場比賽，從起點開始，看誰先跑到對面山頭的大樹，誰就是贏家。

比賽開始，兔子飛也似地領先一大段，回頭根本看不見烏龜的身影，兔子心想睡個懶覺也不遲，就在路旁草叢打盹等烏龜路過，沒想到一覺醒來發現大事不妙，遠遠瞧見勤勞的烏龜即將抵達大樹終點，兔子再怎麼追趕也來不及，萬分懊悔輸了這場比賽。

原有寓意

驕兵必敗，輕敵偷懶才會輸了比賽，只要勤奮堅持下去就能成功。

這個好故事之所以成為經典，莫過於家長希望孩子能學習以烏龜的謹慎與不氣餒為榜樣，並將兔子的輕率驕傲作為借鏡。

若從個人放大到資本主義裡的社會現實，那麼擁有既定優勢的企業就像是兔子，烏龜則是創業者或者中小企業家，一步一腳印謹慎前進；大企業可能不容易看見潛在危機或是過於輕敵，安於現狀彷彿是睡著一樣，一不小心錯過商機形勢翻轉，就如同兔子一般痛失勝利。

只不過，比賽絕對不只這一場，驕傲的兔子恨不得馬上雪恥，猜猜下次牠還會睡懶覺嗎？好吧，就算這隻烏龜跟別隻兔子比，總不會每隻兔子都驕傲吧？那麼勤勞不驕傲的兔子還有可能跑輸烏龜嗎？

說了一半的勵志故事，將想傳遞的訊息置入放大，只要勤勞堅持就有機會反敗為勝，這種信念帶來的「好處」可能包括：專注眼前任務、不輕易放棄、不問太多可不可能，這樣有什麼不好？

但就像醫生開給病人的藥都會加註「副作用」，龜兔賽跑沒說出口的「備註」是：這種比賽結果只可能發生一次而已。這叫做「奇蹟」，不是人生常態啊！

拿「奇蹟」來教育孩子，孩子們就像被催眠一樣相信龜兔賽跑故事，只要努力就會成功，而忽略事情的本質和周遭環境的變化，智商再高再聰明的人，一旦落入「信念愚笨」，就無法進行理性思考，想要勝出任何比賽，真的只能等待奇蹟了。

改寫練習：如果故事長這樣……

版本一　非贏就是輸嗎？

勤勞的烏龜雖然答應了兔子的邀約，但牠很好奇為什麼兔子要跟爬很慢的烏龜比賽跑呢？大家都知道牠不擅長速度，做什麼事都得揹著龜殼慢慢移動，那麼就算贏了牠又代表什麼嗎？在起跑點準備的時候，烏龜開口問了兔子。

兔子一愣，似乎從來沒想過這個問題。牠只單純想要贏，找烏龜比賽一定會贏啊，不過烏龜說得很有道理，這種理所當然的贏，好像沒辦法得到想要的快感。

「那如果不比賽，我們現在要幹嘛？」好動的兔子邊暖身邊問烏龜。

「我從來沒有體驗過速度感，你可不可以把我放在你的背上，用你最快的速度，衝去大樹下？其他烏龜一定超羨慕我的。」

「好耶！那你要告訴烏龜們我跑得有多快喔！」兔子躍躍欲試。

「那當然，回去可要好好跟大家分享『快』的感覺。」

大家注意到了嗎？

這個改寫故事根本沒有發生「比賽」，不過兔子和烏龜仍然跑了一場，各自完成心中想達到的願望：兔子希望獲得成就感建立自我價值，烏龜則完成自己無法做到的人生體驗，而這個如夢似真的快感，或許還能引發更多哲理思考的後續情節……。

我們的人生從來不缺競爭場合，甚至我們也都在他人心中不斷「被比較」、「被選擇」，例如：學校會排名孩子的成績，孩子的月考名次比隔壁王小明的名次低，家長會時也偷偷比較家長的事業；商場上客戶要不要選我們作為合作夥伴？這個人想不想跟我交朋友？為什麼朋友約會有他沒有我？……嚴格說起來，每一種選擇背後，或多或少都是某種比較，我們自己腦中不也是如此運作的嗎？

若我們承襲過去的教育方式和社會風氣，只有競爭性的「非贏即輸」思維，套句俗話說的「人比人，氣死人」，細想每天的過程都足夠讓人挫折連連，戴上這副「什麼都要贏」的框架眼鏡，全世界都成為你的敵人，這輩子遑論追求任何幸福快樂。

在這個版本裡，兔子靠著幫助別人看見自身價值、建立成就感，不一定得靠壓制、消滅、貶低他人的比賽。自身與生俱來的天賦看似理所當然，卻很可能是別人一輩子都做不到的事。我相信兔子跑過這場，絕對會更珍惜自己擁有的天賦，而不再只是將此當成戰勝別人的武器。至於這隻烏龜也很特別，彷彿當年萊特兄弟想像鳥一樣飛翔，充滿好奇心和想像力，令人期待牠會如何探索這個世界！

版本二 創造突破框架的有利賽局

烏龜一口答應和兔子比賽，有人可以陪牠打發時間真不錯，不過牠對比賽內容有很多想法：

可以不只一場嗎？奧運裡有好多項目耶，不然至少來個三鐵吧？

還是找更多烏龜和兔子一起比？接力賽如何？

可以帶啦啦隊嗎？中間可以休息吃東西嗎？……

一個問題接著一個問題，兔子覺得好不耐煩，只是一場賽跑而已怎麼想這麼多？兔子懶得跟興奮不已的烏龜討論，將一切交給牠規劃。隔天上午再見面，烏龜已經想好路線，這次第二棵大樹才是終點。

比賽一開始十分順利，兔子一口氣不停歇地跑到第一棵大樹，沒想到接著急速下坡，原來是段山谷路線，終點設在山谷底的大樹下。雖然兔子沒有遲疑太久就立刻出發，不過下坡讓牠無法全力衝刺，反而需要降速保護前腳，等到牠快抵達谷底的時候回頭一看，烏龜的身影才出現在第一棵大樹下。

兔子心滿意足地喘了口氣，這麼一大段的差距想要獲勝應該沒問題；此時突然眼前閃過一個黑影撞到不遠的大樹，咕咚一聲，那到底是什麼？兔子揉揉眼睛不敢相信，原來烏龜縮進龜殼一路滾下山，此時緩緩地伸出頭和四肢，正向兔子揮手打招呼呢！

烏龜和兔子比賽有可能贏嗎？

腦筋動得快的人也許會說「比游泳」兔子就可能輸了，不過若是必須比「賽跑」這個項目，烏龜有任何贏的可能嗎？這隻具有策略性思考特質的烏龜，示範的便是「符合原有邏輯」的致勝模式。

除非刻意搞笑幽默，不然應該沒有人喜歡「自曝其短」，能夠發揮自身天賦於工作生活中是最好的際遇安排，然而我們未必每次能做選擇，又或者很想把握某些機會卻非自己擅長領域，這時候就需要創新策略，如何將自己「設計」進入流程內容裡，在別人設定的框架內做最好的展現。

孩子沒辦法選擇學校和老師、大人不喜歡現在的工作，這些都是現實條件的「限制」，短時間難以做出完全不同的改變。有趣的是，許多談論創意的書籍不約而同提到，「限制」往往也是激發潛力、產生創意的來源。

「限制」就是一種命題，像是螢光筆般標出人生施力點，有了目標去努力、去克服，在過程中感受自己其他的可能性，甚至體驗幸福、快樂、成就感；這也是為什麼在哲學家眼裡，毫無限制的人生反而令人感覺一點都不自由。

正如我和孩子分享的座右銘：「不是沒辦法，只是還沒找到而已。」

烏龜除了願意動腦分析，也對自己十分了解，才能從「限制」裡蒐集各種關於自己特質的線索，運用地形突顯優勢。不論你是兔子還是烏龜，只要接受並了解自己，就能找到屬於自己「贏的方程式」。

現今教養意識進步，許多觀念逐漸改革轉變，其中很明顯的一項變化，就是我們不再希望強調「輸贏」，而是聚焦在努力的過程，並引導孩子們看見自己的變化與成長。落實到生活裡，我們就發現學校裡不再進行分數「排名」，只提供每個分數區間的名額參考；各項競賽也不再有第一第二，而是用優選、佳作代替，同時可以錄取多個名額……，總之師長們極力修飾最後結果，期待能降低孩子們「被比較」的壓力。

然而從自殺自傷率上升、課後補習教育的蓬勃發展，足以顯見這樣的做法似乎沒有釋放孩子，反而造成更多隱晦不顯的潛在壓力，甚至需要猜測大人們心中的真正評價，是否和說出的鼓勵語句心口一致呢？

這樣的矛盾，來自於社會仍然以「競爭」本質運作，將人生視為「有限賽局」的大人們，擔心未來「贏者全拿」的焦慮無法直接表達，反而在其他層面施加更多期許和壓力，嚴重影響孩子們的心理健康。

在《無限賽局》這本書中，作者賽門・西奈克（Simon Sinek）提出翻轉思維框架的關鍵，就在於「無限思維」。無限賽局沒有固定遊戲規則、沒有時間限制、任何人都可以隨時加入打破慣例，更沒有勝負、平手或僵局這樣的角度，因為無限賽局根本沒有終點線，這種賽局的首要目標是不停玩下去，讓賽局持續下去才是重點。

我們的人生，包括愛、友情、家庭、婚姻……，是否更像無限賽局？如果是這樣，我們心中的「假想敵」或「預設目標」又是從何而來？換言之，放下心中設定好的任何目標，只專注在自己和孩子本身，聚焦於自身面對的課題，著重過程中對自我的探索與了解，才有機會突破框架、感受柳暗花明又一村的驚喜。

或許你已經發現第一個版本的故事便是以無限思維進行改寫，第二個故事仍然屬於非輸即贏的有限思維；讀到這裡，你是否心中已經有了第三個版本的龜兔賽跑呢？

STORY 03

《醜小鴨》

離開，才是成長的開始

童話原著

鴨媽媽正在努力孵蛋，不久後所有的小鴨寶寶都誕生了，只有一顆蛋沒有動靜，過了好幾天，在鴨媽媽的努力下，這顆不一樣的蛋終於孵化了，先出生的小鴨哥哥與姐姐們湊上前，看到最後一隻孵出來的模樣嫌棄地說：「怎麼長得這麼醜？」

「對呀！怎麼跟我們都不一樣？」

小鴨們總是欺負這個和牠們不一樣的弟弟，連池塘邊周遭的鴨親戚也跟著欺負這隻小鴨，還取名為「醜小鴨」，要鴨媽媽把牠趕走，但鴨媽媽還是非常疼惜醜小鴨。慢慢懂事的醜小鴨，不願意看到鴨媽媽這麼傷心，決定離開這個池塘，踏上流浪之旅。

冰冷的冬天來臨了，醜小鴨不小心被凍結在結冰的湖上無法動彈，路過的樵夫看到了，將醜小鴨救起來帶回自己的家裡。當醜小鴨醒來，看到樵夫的小孩走過來，以為樵夫的小孩也想欺負牠，嚇得到處亂跑，把樵夫家弄得亂七八糟，樵夫的老婆很生氣，便把醜小鴨趕出去，醜小鴨只好繼續流浪想辦法度過寒冬。

隔年溫暖春天降臨，醜小鴨在湖上覓食，看見幾隻白天鵝也在湖中玩耍，突然有一隻白天鵝朝牠游了過來。這時候，醜小鴨以為白天鵝也想要趕牠走，逃跑途中看見湖面上自己的影子，才發現經過一個冬天，原本被叫「醜小鴨」的牠已經長大成為一隻天鵝了。

原有寓意

就算別人不認可，也不需要放棄看輕自己。

這個知名的童話故事，也有人稱做《醜小鴨變天鵝》。但其實鴨就是鴨、鵝就是鵝，鴨長大不會跨越物種變成美麗的天鵝。故事裡的醜小鴨只是在鴨群裡被孵出來的天鵝，牠沒有決定自己是鴨是鵝，也無法改變外貌如何成長變化；說到底，最後醜小鴨因為看見與自己同樣外貌的族群，重新設定「自我認知」才「變成」白天鵝。

在疼愛孩子的鴨媽媽眼裡，即使長得不大一樣，依然把牠當作鴨寶寶養育著，一點也沒有「耽誤」一隻小天鵝長大，小天鵝學的是一隻鴨的生存之道，牠一直認為自己是鴨寶寶，帶著常被欺負的生活經驗不得已黯然離家。

這個故事最重要的關鍵點在於「離家」。

沒有離家，牠沒有機會遇見白天鵝；或者當鴨群發現牠是隻天鵝的時候，很可能趕牠出去，然而牠的自我認同仍屬於鴨群，沒有機會更改這個設定。

第二個關鍵點在於「時間」。

長大需要足夠的時間，小天鵝才能從與小鴨外貌相似的幼禽階段，發展為截然不同的身形。試想若在幼禽階段就知道「生錯堆」來錯地方，那又會是一段怎樣的心路歷程？小天鵝在當下能有任何證據支持自己的重新認知嗎？

本土作家陳致元的繪本《Guji Guji》創作了另一種版本。一隻在鴨群中被孵出來的小鱷魚，同樣被鴨媽媽悉心養育，與鴨群相處也非常和樂。直到有一天遇見同類大鱷魚才開始感到困惑，小鱷魚思考後的選擇是成為一隻「鱷魚鴨」，並協助鴨群抵抗鱷魚的攻擊。

《Guji Guji》故事裡小鱷魚沒有離家，在原生家庭非常快樂；沒有需要時間才能顯現的身形變化，因為鱷魚一出生就與眾不同；然而不變的是「自我認知」的重新設定，小鱷魚用「自創一類」的創意心法，為自己難以改變的外貌和傾向鴨群的內心找到定位與出路，一旦自我設定完成，接下來該怎麼做也就自然浮現了。

回到教養生活，更多時候我們面對的是原版醜小鴨的情境。我們就是無條件愛自己孩子的鴨媽媽，用我們的經驗和方法盡力照顧呵護，但我們也同樣沒有能力去分辨孩子是鴨還是天鵝，孩子依著家長的教導、生活環境給予的回饋，點點滴滴形塑對自己的認知。人類的孩子是需要最多時間才能離開母體獨自謀生的生物，近年來更有「晚熟世代」的趨勢，身為唯一會思考的動物，對於這個現象，我們有什麼樣的反思嗎？

改寫練習：如果故事長這樣……

版本一 「不一樣」就是孩子的寶藏

鴨媽媽孵出一窩蛋，其中一顆花了最久時間，好不容易孵出來，卻和其他小鴨長得不大一樣，鴨媽媽不以為意，細心呵護這群孩子，認真教牠們覓食生存；有一天附近農家的小孩發現這群小鴨們非常開心，常常來看牠們，和牠們一起玩。

沒多久，小孩也發現其中一隻小鴨和其他小鴨不大一樣，他很喜歡這隻特別的小鴨，常常帶食物來找牠，也因此小鴨們多了一個食物來源，生活過得十分愜意；有時候農家小孩來的時候沒看到長相特別的小鴨，就會急忙先找牠，等找到了才放心把食物放下離開，這隻獨一無二的小鴨備受寵愛，其他鴨群也受到關心和照顧，小鴨們都很感謝這隻長得不一樣的手足。

過了一個冬天，鴨群們漸漸長大，農家小孩發現原來牠是一隻白天鵝，連忙回去告訴大人這個新發現。農夫們想把牠帶回天鵝群裡，但這隻鴨群裡的天鵝竟然不願意離開，和其他鴨子聯合一起抵抗，又啄又跑引起一陣大騷動，直到農夫們放棄回去才恢復平靜。

這隻白天鵝就這樣留下來，牠身邊總是圍繞著鴨群，但是牠的美麗依然吸引附近的天鵝，後來有一隻公天鵝跑來之後不願離開，鴨群多了一位新成員，明年春天說不定就有天鵝寶寶出生了呢！

在華人文化裡，中庸之道深植人心：「槌子總是打出頭的釘子」，引起別人的注意總是多些風險；這樣的思考慣性更放大「群眾效應」：跟著人多的地方走，就算錯了也不只我一人；再看看職場、校園裡的霸凌事件，也是那些「不一樣」的人容易被當作對象啊！

原有的故事裡也傳遞相同訊息：小鴨們欺負不一樣的牠，還把牠取名醜小鴨！

然而「不一樣」就會被討厭嗎？這個版本想顛覆的正是這個潛在的恐懼和預言。

隨著時代變遷，孩子面對的是真實人生和鍵盤世界兩種平行時空，每個人莫不想辦法「搏眼球」、「爭關注」，想盡辦法「不一樣」而被注意到才可能獲得資源。在這個版本裡，長相不一樣的小鴨帶來額外的食物，讓鴨群們不愁吃穿全體受益；即使後來農夫想帶牠回天鵝群，但「鵝立鴨群」被需要的感覺也很好，為什麼非要做一隻平凡無奇的天鵝呢？

知道自己是什麼、要什麼，就能脫離任何人對自己的支配，活出自己想要的幸福快樂。自信優雅的白天鵝也能吸引另一隻不怕「不一樣」的公天鵝追隨而來，物以類聚，不必依附群體，自成一國也是一種生活選擇，不是嗎？

版本二 世界之大，一定有適合我的角落

鴨媽媽的一窩蛋裡，有顆蛋特別晚破殼，孵出來之後，這隻特別的

小鴨和其他小鴨們長得不大一樣，因此被其他兄弟姊妹戲稱為「醜小鴨」。鴨媽媽不以為意，依然疼愛所有的孩子們，只不過小鴨們漸漸長大後，彼此的外貌差異越來越大，其他小鴨們不大和醜小鴨玩在一起，醜小鴨常常自己一個人打發時間。

醜小鴨沒有太在意這件事，畢竟牠也很喜歡一個人冒險，牠在好幾個池塘邊交到不同朋友，大家都長得很不一樣，沒有誰特別在意這件事。

冬天過去了，萬物又恢復生機，醜小鴨迫不及待去串門子找朋友，路過池塘時，牠不經意看到自己的倒影嚇了一跳，牠從未好好看過自己，原來早就跟小時候不一樣，牠抬起頭來，眼前的池塘剛好有一群天鵝經過，醜小鴨這才知道自己是隻天鵝，牠興奮地跟這群天鵝打招呼：

「嘿！你們好，我可以加入你們嗎？」

其中帶頭的天鵝冷冷地看牠一眼說：「這不是跟鴨子們一起長大的那隻醜小鴨嗎？你還是回去吧，我們沒有空教你怎麼當一隻優雅的天鵝。」已是天鵝的醜小鴨只好離開，去另一個池塘找其他朋友，青蛙、白鷺鷥和烏龜正在討論要不要一起往下游冒險，看到醜小鴨來立刻邀請牠加入探險隊行列。

醜小鴨非常開心一口答應，這群朋友喜歡的是「我」，才不管我是天鵝或小鴨，那我為什麼還要在意呢？

「物以類聚」是生活中的普遍現象，我們也會用「分類」概念，簡

單收納各種資訊甚至人際關係：朋友、家人、同事、討厭的人……；單是「朋友」這類可能還有「同班同學」、「社團朋友」、「兒時玩伴」等等。隸屬於某個團體的確比較有安全感，擁有共同的識別、回憶與情感，或者因興趣嗜好與信念而集結起來，就是「物以類聚」的真人版實踐。

這版故事裡的醜小鴨沒有被任何一方「霸凌」，只是無法完全融入小鴨群，天鵝群也因為不熟悉而拒絕了牠，這些反應如同我們也對某些人單純沒有好感、保持距離，根本談不上欺負排擠。

醜小鴨四處探索，結交不同池塘生態的朋友，或許非同一物種無法朝夕相處，但是愛冒險、友善的特質，正是這群跨物種朋友的共同特色，也許各自在原有族群都是「異類」，但誰說「邊緣人」不能自成一

近幾年為了防治校園霸凌，政府與教育單位積極提升大眾對霸凌的了解與意識，然而部分家長因此成為「驚弓之鳥」，過度解讀孩子在人際關係的嘗試與失敗，一旦分組落單、無法加入小團體、與同學爭吵，便輕易歸類為霸凌事件，深怕孩子受到永久性的身心創傷。

零容忍霸凌現象，絕對是不變的堅定原則。但在判別是否遭遇霸凌行為時，或許可以先思考，發生在孩子身上的這些事哪些是「自然後果」、哪些是「惡意製造」。

仍在求學階段的孩子，面對來自各種價值觀與文化背景家庭的同學，原本就需要彼此適應、試探、調整的互動階段，也在這過程中摸索表達與溝通的技巧，例如：如何傳遞友善又不會冒犯他人、如何拒絕但不至於傷害別人；每一句話該怎麼說，搭配何種表情語氣，分寸拿捏因人而異，唯有透過觀察、歸納做出自我省思與調整，才能逐漸培養人際力，面對外界變化迅速因應。

人際力的養成需要時間，上述的學習來自真實生活經驗的細緻互動，自然有失敗有成功，失敗的代價正是承受「行為帶來的自然後果」，展現出來的表面現象就可能是：生氣斷交、說孩子壞話，甚至聯合其他人冷漠不理。

每個人因不同事件站在不同立場，隨著團體更換也可能扮演不同角色；孩子在過程裡不僅付出心力感情，同時也學習各種新的感受，例如：祕密被說出的背叛感、偶爾出現的嫉妒感……，辨認和管理這些「人性」，是一個人完整成熟的重要歷程。

刻意製造的事件以及長期權力不對等的關係，是構成霸凌的重要元素，校園內也有標準處理流程與保護機制，善盡輔導教育之責，但事實上，不論是否歸類為霸凌事件，身為家長都不應該輕易忽略孩子生活中任何需要協助的地方。

霸凌者通常選擇對自己沒有自信的弱小對象霸凌，與其花時間定義何為霸凌，不如與孩子討論自身與同儕間的互動如何改善、增進對人的觀察力與敏感度，培養多元健康的人際關係，從根本性著手，遠離被霸凌的任何可能。

STORY 04

《拇指姑娘》

綁架你的，其實是魯蛇心態

童話原著

在很久以前的一個村莊裡，有一個婦人，非常希望有一個小寶寶。於是她去請求魔法師，魔法師送給她一粒種子，並對她說：「把它種到土裡，就能達成妳的願望。」婦人剛把種子種下，這個神奇的種子馬上就開出了一個鬱金香的花苞。

婦人情不自禁的吻了一下花苞，花苞就自己打開了，裡面還有一個又小又可愛的女娃娃，但是小女孩只有姆指大小，因此取名為「姆指姑娘」。白天，她以桌上的盤子作池塘，用花瓣當小船遊玩。到了晚上，拇指姑娘就舒舒服服地睡在胡桃做的搖籃裡，做著甜蜜的夢。

有一天晚上，一隻蟾蜍潛進了婦人的房間，牠想：「讓我把她帶回去，嫁給我兒子！」於是，蟾蜍就把胡桃搖籃和拇指姑娘，偷偷地帶回家了。

到了早上，拇指姑娘醒了過來，發現自己睡在蓮葉上時嚇了一大跳。一聽說要嫁給蟾蜍，她更是嚇得傷心的哭了起來。小魚兒知道了拇指姑娘的遭遇後十分同情她，牠們合力咬斷了蓮花葉，讓蓮花葉慢慢地漂走流開，拇指姑娘在河上漂來漂去遇到了蝴蝶姑娘，蝴蝶姑娘十分熱心把拇指姑娘乘坐的蓮花葉，推到了岸邊。

突然，飛來了一隻金龜子，把拇指姑娘抓走了。金龜子將她帶到森林裡的一棵大樹上，並且神氣地對同伴說：「我撿到了一個可愛的小女孩！」但是，金龜子夥伴們卻說：「哎啊！她只有兩隻腳！」「而且她沒有鬍子，真是難看極了！」金龜子們都很討厭她，丟下了拇指姑娘跑掉了。

拇指姑娘被丟棄在森林裡，一面打哆嗦，一面在雪中前進；終於，她發現了一間野鼠婆婆住的房子。野鼠婆婆看見拇指姑娘，十分同情的說：「好可憐啊！快進來吃點東西！」於是，拇指姑娘就在野鼠婆婆的家住了下來，每天幫野鼠婆婆做許多家事，過著快樂的日子。

有一天，拇指姑娘發現了一隻生病的燕子，一整個冬天，拇指姑娘都無微不至的照顧生病的燕子，希望牠早日康復。不久春天來臨。燕子也在拇指姑娘仔細的照顧下，健康地回到森林。

野鼠婆婆隔壁住著一隻有錢的鼴鼠，牠很喜歡拇指姑娘，要娶她做新娘，野鼠婆婆也贊成的說：「鼴鼠先生很有錢，妳真是幸運啊！」

但拇指姑娘不想嫁給鼴鼠，她想：生活在土地裡，看不到陽光，也看不到花朵；那是多麼單調的世界啊！她十分悲傷的哭泣著，竟然引來那隻曾經被救的燕子，燕子說：「走吧！和我一起走吧！我可以帶你到一個很快樂、很美好的地方去！」

於是拇指姑娘坐上燕子的背部，飛向一個溫暖之國。燕子將拇指姑娘放在一朵最美麗的花上面，那裡站著一位小小的花王子，花王子十分喜歡拇指姑娘，並且向她求婚：「拇指姑娘，請妳嫁給我吧！」

「嗯……」拇指姑娘也害羞地點頭答應了；於是，花仙子們都很高興，送給她一對翅膀作為禮物。從此，拇指姑娘也能在花間飛來飛去，和王子過著快樂的日子。

原有寓意

不向黑暗或挫折屈服，維持追求幸福與美好人生的渴望。

談到縮小版人生，已是許多創作者的好題材，例如：動漫故事《借物少女艾麗緹》、《亞瑟和他的迷你王國》、電影《縮小人生》，甚至連哆啦A夢都有個「縮小燈」道具……，不過為什麼是「縮小」而不是「放大」呢？

這個疑問很容易找到線索：現實生活中感到無力挫折、卻又無法改變任何現狀的人越來越多，隨著自然環境惡劣、外在國際情勢緊張，「個人」深受大世界的牽動影響，努力不一定有收穫的現實考驗，許多人的確覺得自己渺小虛無。隨著年歲增加，「縮小」正巧反映體力與心境上的衰退，暫時「被忽略遺忘」似乎就能稍微從各種責任義務中喘氣休息。除了漫威電影的高科技「蟻人」之外，各種神話傳說裡的超能力者，大多屬於巨大無比的形象，因此拇指姑娘打從一開始，她的拇指人生就暗喻著對自己「無能為力」的困境。

拇指姑娘對自己的觀點，與現今世代濃厚的「魯蛇」心態類似：出生並非銜著金湯匙的年輕人，在資本主義的遊戲規則下，認為再怎麼努力也難以累積天生就是富二代擁有的資產，對於自身發展不抱期待甚至悲觀消極，雖然對未來有危機意識，但最終歸咎於「起跑點不公平」的感嘆，自我貼上魯蛇標籤，善於自嘲以降低挫折感。

若我們的人生故事裡無法出現「燕子」扭轉一切，難道我們只能成為拇指姑娘嗎？

再仔細想想，難道你不好奇若一切出生時就已拍板定案，那麼這一生所為而來呢？

改寫練習：如果故事長這樣……

版本一　環遊世界的拇指姑娘

婦人向魔法師許願後，如願以償地得到如拇指般大的小女孩，雖然如此，但是婦人仍然很高興有小女孩的陪伴，非常寵愛她，並稱她為拇指姑娘。

拇指姑娘有盤子當大池塘、花瓣可以當小船，晚上睡在胡桃做的搖籃裡，因為體型嬌小，光是婦人的家裡就像是整個世界一樣大。

有個晚上，拇指姑娘被溜進婦人家的蟾蜍帶走，想給自己的兒子作媳婦；直到這個時候，拇指姑娘才知道原來外面的世界如此不同，不過蟾蜍兒子心地善良，拇指姑娘靈機一動，說服蟾蜍兒子一起結伴去外面旅行，沒想到蟾蜍兒子早就想擺脫蟾蜍的控制，於是拇指姑娘坐在蟾蜍兒子背上，兩人一起半夜偷溜離家出走。

雖然兩人一起旅行大開眼界，互相陪伴也互相幫忙，但當蟾蜍兒子認識另一位蟾蜍姑娘之後，漸漸發現彼此下一站想去的地方不一樣，於是依照拇指姑娘的想法，拜託河裡的小魚把坐在荷葉上的拇指姑娘送到下游去看看，彼此帶著祝福分道揚鑣。

從來沒走過水路的拇指姑娘很興奮，只不過還沒抵達下游，途中就被金龜子一把抓起，在天空飛了好一會兒，拇指姑娘才被放在一棵樹上，原來到了金龜子的巢穴。拇指姑娘心想：原來自助旅行這麼精采，隨時都有意外驚喜，我從來沒想過會到這麼高的樹上啊。

金龜子們並不喜歡拇指姑娘，新鮮感一過就想把她丟棄在森林裡，只不過拇指姑娘發現在樹上可以認識好多特別的生物，於是跟金龜子們交換條件，她負責打掃巢穴、幫忙看門，她想多認識各種鳥類朋友，聽牠們說說更遠方的故事，偶爾還可以出去兜風一下。

某一個晴朗午後，拇指姑娘拿著輕便的糧食行李，搭著燕子的便車，準備一起前往遙遠的南方避寒，繼續她的冒險人生。

這個故事可以一直寫下去，對這個版本的拇指姑娘而言，她像是戴了特殊濾鏡看這個世界，任何際遇都是冒險，只是享受當下的方式不一樣而已。

改寫時我特意保留同樣的「客觀條件」，比如說一樣無法自行移動、蟾蜍一樣想綁架兒子的新娘、金龜子還是討厭她，但拇指姑娘打從一出生就沒有接觸其他人給的價值觀，從未產生「幸與不幸」的任何判斷，她想做些什麼，就想辦法克服客觀條件達成目的。

發現了嗎？這個濾鏡的名稱不是「轉念」、不是「正向思考」，而是全然接受當下的自己、當下的資源條件，把所有能量專注在「如何下一步」，而非聚焦在「我不能做些什麼」，即使拇指姑娘難以自行移動，卻不影響她的獨立自主，加諸在她身上的外力，不會成為她生命的結局，而是精采的片段。

版本二　原來我不只是可愛而已

向魔法師祈求有個孩子的婦人，種下種子開花後，得到如拇指般大小的女孩，婦人對她十分疼愛，將她取名為拇指姑娘。拇指姑娘誕生後每天唱歌遊玩，生活十分單純愜意。

有天晚上，蟾蜍溜進婦人家，把睡著的拇指姑娘偷走，想給自己的兒子當媳婦，沒想到蟾蜍兒子一點都不喜歡大家口中可愛的拇指姑娘，本來不願意嫁給蟾蜍兒子的拇指姑娘很傷心，但是得知蟾蜍兒子的反應也覺得有點困惑：「原來不是每個人都會喜歡我，難道我不夠可愛嗎？」

拇指姑娘開始好奇別人的看法，也很想知道自己是誰，於是，她觀察蟾蜍的生活後，發現自己除了划船、唱歌，她真的什麼都不會。蟾蜍知道兒子不喜歡拇指姑娘，一點也不想繼續養著沒用的拇指姑娘，很快就趕她出去。

拇指姑娘邊走邊想，一路上遇到天上飛的蝴蝶、小鳥；路過池塘遇到小魚小蝦；她看著自己和牠們完全不一樣的身體，似乎沒辦法跟牠們一樣做相同的事。

拇指姑娘有點難過，身旁沒有人可以告訴她該怎麼辦，已經離開蟾蜍家很遠了，她在池塘邊坐下來休息。吹吹風過了一會兒，她發現不遠處有一群螞蟻在搬東西，牠們身上駝著不同的東西，排著隊伍往同一方向前進。

對耶，她跟螞蟻一樣會走路、她跟螞蟻一樣能搬東西，螞蟻比她還要小，所以螞蟻能做的她應該也可以！這個念頭讓她興奮地跳了起來：「我不是一無是處，我也能做到！」拇指姑娘頓悟後繼續思考：除了螞蟻，還有其他體型小的生物嗎？牠們都在做些什麼？說不定還會發現更多自己能做的事呢！

於是拇指姑娘跟著螞蟻回到蟻窩，先用打掃、搬東西交換食宿，在這段期間跟著螞蟻四處探索，認識了糞金龜、剛從土裡誕生的蟬，還有鼴鼠、兔子⋯⋯，每隻動物都是她的教練，拇指姑娘跟著牠們嘗試各種活動，從「教練們」的回饋裡，她越來越了解自己的特質和限制。

比如說：拇指姑娘跟著糞金龜學滾推糞便，她的手又巧又好，不僅能控制大小還能隨意塑形，連糞金龜都讚嘆不已；她跟著兔子學跳，發現自己沒有強勁後腿，跳不高也跳不遠，不過兔子白天時昏昏欲睡，拇指姑娘就窩在兔耳朵旁打打毛線幫兔子把風，一有狀況立刻拉拉兔耳朵大叫，兔子因此睡得特別安心。

拇指姑娘的機靈和好學讓動物們越來越喜歡她，還幫她介紹更多的「老師」，於是某一天，每年來此過境的燕子，拗不過老朋友們的拜託，也成為拇指姑娘的老師。

這是拇指姑娘第一次遇到會飛越國界的動物，她一見到燕子就提出好多問題，見多識廣的燕子見過多少人啊，從來沒有一個小姑娘對牠如此好奇，燕子說了三天三夜的故事，拇指姑娘累到不知不覺睡著了。

拇指姑娘做了一個夢，在夢裡她到了很遠很遠的地方，那裡有一個個王國，裡面都是跟她一樣的小人，她終於不再覺得自己怪異，也不再覺得孤單……。下雨的雨滴打醒了拇指姑娘，她第一件事就是去找燕子，請求牠帶她去尋找屬於自己族群的國度，她深深相信世界這麼大，一定有人跟她一樣。

燕子的確見過類似的人兒，但是並不確定是否還在，燕子被拇指姑娘的勇氣感動，答應帶著她一起去。於是某個晴朗微風的好天氣，在動物們的目送下，拇指姑娘再次選擇離開，開啟另一段尋找自己的旅程。

仔細想想，年幼無知的幼兒其實就是拇指姑娘的化身，身體脆弱尚需要被保護，對這世界的了解毫無基礎，一樣天真可愛惹人憐，但是隨著年紀漸大，若只有可愛天真而沒有成長，很快就會遇到挫折開始自我否定。

沒有父母守護的拇指姑娘，靠「思考」領悟成長之道，她的動力來自一個挫折（別人不喜歡我），觀察後發現自己與別人的差異，接著累積各種經驗進行歸納，最後實際跟著各種動物們試做。這過程完全符合「做中學」的教育哲理，展現每個生命的原生學習力，當然現實生活中我們的孩子也有這樣的「原力」。

然而要邀請家長們思考的是：

有師長們在旁保護的孩子們，為什麼反而失去好奇和動力呢？

我們的保護或意見，是否更能鼓勵孩子繼續探索呢？

當孩子遇到挫折時，我們是否能運用故事裡拇指姑娘的方法，給予孩子一個思考線索，而不是答案呢？

拇指姑娘故事的文本十分豐富，以往許多人也曾嘗試改寫，多把重點放在性別意識以及婚姻關係，希望能推翻女性在傳統故事中被設定的人生框架，例如：依賴婚姻（王子）才能擁有幸福美好的生活。

為何這樣的故事能成為經典呢？

在安徒生寫下拇指姑娘的時代，女性幾乎沒有社會性角色，需要藉由婚姻關係方能立足於家庭，因此故事裡的拇指姑娘微不足道，卻依然嚮往自由和光明，即使她只能用哭泣表示，但是她對其他人的付出，終究帶來命運的轉折而尋覓到幸福。

擁有自我意識，是一刀兩面，能鼓動著生命追求獨立，但也同時帶來精神上的磨練。這次改寫的兩個版本，便是依循著「自我意識」當作主軸、「如何解讀限制」作為副線，嘗試提供現代拇指姑娘不服輸的各種可能。

大人如何看待各種限制，不知不覺就會融入生活在各種抉擇中展現，一不小心我們就被對號入座，成為拇指姑娘故事裡的壞角色；在小小的生活圈裡，孩子們唯一能學習的只有父母和師長，因此身為大人需要時刻警惕的是在其中扮演的角色：我們是愛孩子的控制狂蟾蜍？還是只懂欣賞同類、無法接受差異的金龜子？是有愛心但以現實考量為主的野鼠婆婆？或是能夠望向遠方、開拓新局的燕子？

我們遺傳給孩子的不只是基因身體的特徵、體質，影響孩子最深的莫過於「觀點遺傳」，在生活裡耳濡目染的「原生框架」，來自父母處事與教養的習慣與規則，必須有意識保留讓孩子挑戰、反抗我們的空間，才有機會讓孩子獨一無二的原生特質得以發展。

客座專欄

Column

與大師一起腦洞大開

《小紅帽與狼人能量棒》

知名作家／蔡淇華

原版故事

二十一世紀，在德國黑森林叫做洛夫的小村莊裡，住著一位叫做小紅帽的女孩。她的名字來自於她最喜歡的那頂緞帶頭巾，總是綁在她的金髮上，紅色的巾緞像一把燃燒的火焰。

有一天，小紅帽的祖母生病了，她的母親便托付她一個重要的任務——送一籃新鮮的餅乾和果醬給祖母。

「小心別在森林裡走失，記得留在大道上，」母親擔心地叮囑著，「而且絕對不要和陌生人說話。」小紅帽應允了母親，踏上了前往祖母家的路程。

一進森林，小紅帽就遇到了大野狼，大野狼得知小紅帽將要去探望奶奶後，便想出一個計謀，提議讓她摘些花朵帶去送給奶奶。小紅帽聽信了大野狼的話，在樹林裡摘起了花。

趁著小紅帽摘花的時候，大野狼先趕到了奶奶家並把奶奶吃了。吃飽後，牠穿上了奶奶的衣服，戴上奶奶的睡帽喬裝成奶奶躺在床上。

當小紅帽來到奶奶家時，看到床上的大野狼便問：「奶奶你的耳朵怎麼這麼大啊？」大野狼說那是為了聽清楚你的聲音啊！

小紅帽又問：「奶奶你的眼睛怎麼也這麼大啊？」大野狼又說那是為了

看清楚你的樣子啊！小紅帽再問：「奶奶，你的嘴巴也好大啊！」

大野狼說那是為了要吃掉你啊！張開大嘴一口吃掉了小紅帽。

沒過多久，一位獵人路過，聽到大野狼吃飽喝足睡著的打呼聲，便除掉了大野狼，將奶奶和小紅帽從狼肚裡救了出來。

腦洞大開改寫版

小紅帽應允了母親，踏上了前往祖母家的路程。

她在森林間穿梭時，一雙炯炯有神的眼睛正盯著她。然而，這並不是一隻普通的狼，牠小時候受困捕獸夾，是小紅帽救了牠。

當小紅帽到達祖母家時，她發現屋子裡一片凌亂，祖母躺在床上驚魂未定，床上只留下金黃的毛髮。

她嚇壞了，突然，她聽到了虛弱的呻吟聲，來自衣櫃裡。

她打開了衣櫃，發現裡面躺著一隻飢餓瘦弱的灰狼。「你怎麼了？為什麼你會在這裡？」小紅帽驚訝地問。

原來，他是一位名叫奧斯卡的狼人，他一直抗拒不要傷害人類喝人血，因此變得非常虛弱。但他的父親卻不諒解，強迫他要吃光人類，為被人類捕殺的祖父及親族報仇。在他即將吃下祖母的過程中，看見她與小紅帽的合照，知道了原委。他收斂爪子，不想當隻忘恩負義的狼，所以決定就算餓死，也不要傷害祖母。

聽完奧斯卡的故事，小紅帽心生憐憫，決定幫助他。

於是，她趁著夜色，將奧斯卡帶到隱蔽的地方，並定期買有血液、有澱粉、又有花生油脂的狼人能量棒——豬血糕，給奧斯卡解飢。想不到豬血糕有療效，奧斯卡竟然慢慢恢復了健康。

然而，命運捉弄人。奧斯卡的父親從監視器，發現了小紅帽用腳踏車載著癱軟、疑似死亡的奧斯卡進入森林。他將小紅帽告上法庭，指控她謀殺了兒子。

在法庭上，法官嚴肅地聽取雙方的陳述，然後陷入沈默。

最終，法官宣布了判決：「根據刑事訴訟『無罪推定原則』，我們無法證明小紅帽殺害了奧斯卡。因此，我們裁定小紅帽無罪。」

小紅帽心中充滿感激。她和奧斯卡一起離開了黑森林，他們決定前往可以治療奧斯卡的天堂——台灣，因為那裏有全世界最好吃的豬血糕。

走遍全台，奧斯卡發覺淡水河畔的豬血糕是世界最好吃的，所以常在淡水出沒。

若讀者在淡水河邊看見金髮上綁著紅色緞帶頭巾的女孩，她可能就是傳說中的小紅帽。而離她不遠處，一定會有雙火紅的眼睛正注視著她，那雙眼屬於許諾終生保護小紅帽的狼人，奧斯卡。

延伸思考與提問

有人認為《小紅帽》源於十一世紀比利時的詩歌，也有人說可上溯至公元前六世紀的《伊索寓言》。歷史更迭，後人發揮想像力，產生眾多版本。有的故事反面角色並不一定是狼，可能是吃人的怪物或狼人。甚至有性與暴力，兒童不宜的情節。例如大灰狼將奶奶的血和肉，留下一些讓小紅帽吃，小紅帽也不自覺吃了。

《小紅帽》可能是被再創作次數最多的故事之一，不同形象的小紅帽不斷出現。如一九四三年美高梅推出的惡搞短篇卡通動漫《熱辣小紅帽》（Red Hot Riding Hood），背景改為四〇年代的夜總會，大放成人世界的黑色幽默。二〇〇九年的法國驚悚片《誰殺了小紅帽》（Who Killed Little Red Riding Hood）。

電視連續劇、歌曲、書籍的改編更是不斷推陳出新。連格鬥遊戲《魔域幽靈》中，就有以小紅帽造型出現的賞金獵人。

筆者改寫時，嘗試加入現代的法庭元素，但關鍵是「有邏輯」的細節。例如狼人嗜殺的動機與仇恨的來源，是人類的殺戮。法院受理案件的證據，是二十一世紀無所不在的監視器。小狼人自身的衝突，來自父權的壓迫，與生理的飢餓。解決衝突的方法，使用替代血，豬血。最後再從豬血連結到豬血糕，再從豬血糕連結到台灣與淡水。

改寫的過程，玩得非常開心，因為理解改寫需要邏輯，而邏輯，是細節有機的連結。

如果是你，改寫小紅帽這個故事，又會從哪一個細節下筆斟酌邏輯呢？

PART 2

真相可能跟你想的不一樣

STORY 05

《國王的新衣》你的謊言，可能是他的誠實

童話原著

有位愛打扮的國王，非常喜歡穿新衣裳。某天來了兩位自稱是織工的人晉見，對國王保證他們絕對能織出世界上獨一無二美麗奇特的衣裳，國王聽了非常開心，立即聘用他們開始動工。

不久之後，國王派出大臣視察衣服的製作情況。每一位大臣都沒有見到任何東西，只看到織工在空空如也的織機上非常忙碌，織工解釋他們用的是特殊布料，凡是愚蠢和工作不稱職的人都看不見。每一位被派去的大臣，為了不承認自己愚蠢或不稱職，紛紛欺騙國王說自己看到非常美麗的

半成品，讓國王非常期待完工時的作品。

最後，當織工們向國王獻上根本不存在的「衣服」時，當下國王雖然什麼也沒看見，但也因為不願承認自己愚蠢，所以便依騙子的指示「穿上」了這件「衣裳」、開口稱讚作品極為美麗，最後甚至穿著這件「衣裳」出巡。

人民面面相覷沒看到任何衣服，但誰也不敢說出真話，只好紛紛假裝欣賞，沒想到有位天真的小孩大喊：「為什麼國王沒穿衣服呢？」才揭穿這場騙局。

原有寓意

無論什麼事都要自己親手去做和觀察，不能盲目的相信別人或自欺欺人，同時也要說實話，做個誠實的人。

這則故事應用廣泛，特別是小男孩說真話意外揭開漫天大謊，才讓愚弄欺騙大家的工匠受到懲罰，這個大快人心、帶有些許平反意味的結局，更增添傳頌這故事的喜好。不過我更好奇的是，國王與大臣們擔心自己被認為愚蠢而假裝看見，那麼遊行的群眾呢？除了怕被嘲笑之外，應該還有其他「說謊」的原因。

測試一下：

若你也在觀看國王遊行的人群中，你會有什麼反應呢？保持沉默、還是跟小男孩一樣勇敢？而這位童話裡說真話的男孩，若在學校裡看見最好的朋友作弊，也會毫不遲疑地舉手說出來嗎？

假設這位看見好朋友作弊的是你的孩子，他回家後尋求你的建議，到底該不該跟老師說這件事，你又會給孩子什麼樣的答案呢？看到這裡，你應該就能明白自己身在人群中，看到國王新衣時會有什麼反應了。

再來看看這則新聞：

一位義大利藝術家沙瓦托・加勞（Salvatore Garau）製作了一項「隱形雕像」作品，並成功以標價一萬五千歐元（約新台幣五十萬五千元）的金額售出。這座名為《我是》的「隱形雕像」想傳達現實社會中的空洞。藝術家向媒體解釋，在展台上他們看到空空如也的「空間」，正被自己作品的能量佔據。在藝術家的詮釋下，這座被標註一五〇乘以一五〇公分寬和高的雕像不僅獨一無二，也無法被複製，而購買此作品的新主人也會收到正式文件，證明他是隱形雕像的擁有者。

想想平行時空元宇宙的各項交易、近期引起熱烈投資的 NFT，這些究竟是未來貨幣還是另一款國王的新衣？我們身處在眼見不一定為憑、虛擬未必是假的世界，他人眼中相信的「真」，對自己而言也是一樣嗎？或者，只要相信即可為「真」？

不論時代如何轉變，「誠實」仍然是身而為人的重要價值之一，但我們面對的議題不僅是選擇誠實與否，而是如何對「誠實的內容」負責，避免想要誠實卻不小心成為謊言的共犯結構。

改寫練習：如果故事長這樣……

版本一　承認愚笨的大智慧

國王穿上新衣開始遊行，只見路邊圍觀期待的群眾個個睜大雙眼，愣個幾秒之後才開始鼓掌叫好；國王邊揮手邊想，大概是這件衣服實在太過華麗精美讓人目瞪口呆，要是自己也能看到就好了。

兩旁圍觀人群中，有位坐在爸爸肩頭上的男孩兒，眉頭一皺低頭問爸爸：「不是說要看國王的新衣服嗎？為什麼國王不穿衣服呢？」爸爸紅著臉沒有回答，趕緊帶著兒子轉身離開，旁邊的人面面相覷，尷尬氣氛就像臭屁蔓延一樣，大家原本鼓掌叫好的雙手漸漸停了下來。

原本抬頭挺胸的國王也感受到這股安靜沉默，大家甚至低著頭紛紛躲避國王疑惑的眼神，國王連忙輕聲詢問身旁大臣到底怎麼回事，大臣們一時也慌了手腳，只好胡扯可能是人民太笨了，所以很多人看不見衣服。

這時候國王突然想到：「既然很多人看不到，那麼還需要遊行嗎？這場遊行難道要變成分類大賽，分出誰是傻子、誰是聰明人，這樣有比較好嗎？」

「其實我也看不見衣服啊，知道自己是傻子一點都不好過，繼續遊行下去才真的是一個笨蛋會做的事啊！」

雖然遊行只走到一半，國王立刻下令取消行程，回程路上他不斷反省，當初為什麼要做新衣服又為什麼還要舉辦無聊的遊行。自此之後，相信自己不是聰明人的國王像是變了一個人，付出更多努力治理國家，最後成為人人愛戴的領袖。

聽不聽明，真的很重要嗎？

這個版本的國王看見人民尷尬的沉默，第一個想到的並非自己有沒有穿衣服，而是同理的想到萬一人民因此發現自己是愚笨的，跟我一樣難過該怎麼辦。仔細想想，我們熟悉的三國演義裡也有一位不聰明的國王，傳說中劉備的才能不如諸葛亮和關雲長，卻能說服他們傾力相助成為最大贏家。

美國作家保羅・塔夫（Paul Tough）在《孩子如何成功》一書中提出，恆毅力、好奇、自我覺察、樂觀、自我控制等「非認知能力」才是協助孩子成功的「隱形力量」。

什麼特質比聰明更重要，從這故事你發現了嗎？

版本二　謊話國的人民最誠實

聽說國王要做新衣，這兩個工匠起了壞念頭，告訴國王他們能做出全世界最華麗的衣服，國王開心答應也請他們全力趕工，只不過去監工的大臣們都看不見任何織品，工匠宣稱這件衣服只有聰明的人才能看到，所以大臣們跟國王回報時也都說看到了。

糟糕的是，工匠並不知道他們來到的是「謊話國」。

謊話國顧名思義，就是每個人絕對不說真話，日常溝通會說反話，沒有正確答案的、發表個人意見的就可以自行發揮。舉例而言問你吃飽了沒，如果你肚子餓就回答吃飽了，若真的吃飽了反而會說我好餓。

謊話國不需要美麗的謊言，因為即使你知道自己聽到的不是真的，你也不會知道真正的答案。比如說刻意去問別人自己長相如何，這種屬於個人意見的問題，你會聽到各式各樣的答案，除非你聽到醜死了（代表你真的很漂亮），否則永遠不會知道對方心中的想法。

大臣告訴國王的是「我看到新衣了」，國王心中覺得納悶，於是自己偷偷觀察，工匠們聽到大家都說看到了，還沾沾自喜詭計得逞，殊不知大難臨頭的日子即將到來。

遊行那天終於來了，國王為了考驗子民們是不是還維持謊話國的良好傳統，做好心理準備配合工匠的謊言假裝穿上新衣，沿途夾道的人民紛紛大聲告訴國王：天啊，我看見了我看見了！

這件新衣根本成為另類「測謊機」，雖然國王只穿著內衣，但內心卻十分欣慰，國王走完全程才開心地回到皇宮，謊話國人民依然「誠實」！

一回到皇宮，這兩名工匠立刻被抓起來，到了牢裡才知道謊話國的獨特說話邏輯，其實他們的伎倆老早就被國王看穿。

謊話國竟然是最誠實的國家，因為你必須要知道事實，才能夠說謊啊！

這個版本靈感來自義大利作家羅大里（Gianni Rodari）的童書作品《謊話國》，只不過寓意和內容大異其趣，原著故事是國王為了掩蓋自己曾是海盜的事實，下令全國人民一起說謊，後來積怨已久的人民實在難以忍受這不合理的規定，在作家安排不落俗套的情節下，最後終究推翻暴政。羅大里運用可愛與天馬行空的故事，讓孩子們自己領悟到任何說謊的行為，絕對無法長久，唯有真心誠實面對自己與他人，才是長治久安的方法。

正是因為《謊話國》的設定令人印象深刻，我借用國王下令不能說真話的情境設定，但是更改國王的「動機」——從「掩蓋事實」到「不想讓他人傷心」，然而真話是什麼大家卻心知肚明，這像不像我們日常生活中善意的謊言呢？最有趣的是，在這版本的謊話國裡，人民反而爭先恐後大聲地另類示警，不再需要唯一說真話的男孩，你發現了嗎？

現實生活中當然沒有這種集體默契，但下一次我們發現他人善意的謊言時，或許可以停下來多思考一下，在對方體貼自己的回答中，我們可以自己發掘真相，讓自己變得更好。

在特定主題的公開演講，我都會問聽眾一個問題：

「若你可以選擇擁有辨識謊言的超能力，立刻分辨眼前這個人說話的真假，想要這種能力的請舉手。」

令人驚訝的是，不論現場有多少聽眾，目前最多一場只有兩人舉手，也就是說其他人寧可被矇在鼓裡，也不願意每件事都知道真相。然而現場來聽教養講座的大人們，多數從孩子小時候便不斷向孩子強調誠實這項美德，那麼為什麼反而自己卻不希望知道事實呢？

背後原因可能很簡單：我們期待孩子對自己誠實，因為比較容易教養或管理。

若你不認同、有點不服氣，那麼試著再回答以下這題：

「你的孩子發現隔壁同學考試作弊拿到高分，忿忿不平地回家告訴你，他認為老師應該要懲罰這位同學，此時你會鼓勵他告訴老師的請舉手。」

你有些遲疑嗎？心中應該同時冒出很多想法和處理方法吧？

這兩題或許能證明大人們希望孩子對自己誠實，但同時希望孩子學會多想一點保護自己，而這種互為矛盾的行為也有個熟悉的好聽名字：社會化。

仔細想想，多數闡述誠實美德的繪本，強調的是「對他人誠實」：比如說承認錯誤、不陷害別人、不造成別人困擾等等，我們並不好奇或追究人們說謊的動機或事情的脈絡，只是一味強調後果論：說謊會害人，被發現之後就會害到自己。

那麼，若先學習「對自己誠實」呢？

對自己誠實，知道自己犯錯後非常害怕想逃避；

對自己誠實，知道自己忌妒他人不想幫忙；

對自己誠實，知道自己還對上次的事情耿耿於懷，心裡很排斥這件事……

對自己誠實，就沒有人需要對你說謊，因為已經沒有人能成功對你說謊。

最重要的是，在成長過程中，我們漸漸明白事實的真相不會只有一個，隨著不同人的立場與視角，有時候真實與謊言只有一線之隔；誠實也不會只有一種樣子，而是像顆難得一見的鑽石，擁有多角度切割、折射出各種光線，幫助我們看清事情的多元面向，每一面都是真相。

STORY 06

《蟋蟀與螞蟻》

埋頭苦幹的勤勞，是傳家美德還是扼殺天賦的詛咒？

童話原著

炎熱的夏季裡，螞蟻們仍然辛勤工作，努力為冬天儲存糧食；一旁的蟋蟀卻仍然整天唱著歌，認為螞蟻這樣實在太累，何必想這麼久遠的事情呢？

轉眼間冬天降臨，冷到發抖的蟋蟀早已沒有東西吃，螞蟻則是積存不少食物，此時得以安心過冬。可憐的蟋蟀去敲螞蟻的門，螞蟻們嚇了一跳，趕緊分享食物和溫暖的家，後悔不已的蟋蟀流下眼淚，實在不應該這麼懶惰的啊！

原有寓意

不能在安逸時懶惰，多一分準備未雨綢繆，平日的勤勞也能多一分保障。

雖然創造這個故事的作者已不可考，但我實在很好奇為什麼是蟋蟀和螞蟻，到底是怎麼「選角」的呢？我猜想也許剛好聽到蟋蟀在叫，就想像成無所事事的唱歌，而無所不在的螞蟻被人類發現時大多在搬運東西，自然就聯想成辛勤工作了。

不過要是你知道蟋蟀的壽命平均約四～六個月，螞蟻則是三～十年不等，你對這件事的看法會有所不同嗎？不同的生命週期，被「設計」運作的方式也大異其趣，例如：螞蟻和蜜蜂有著精密的組織分工、角色扮演，工蟻雖然真的是辛勤工作，不過蟻后可是足不出戶的啊！

至於生命週期短的生物，例如蟋蟀，還有最久在地底長達十七年才能見到一個月陽光的蟬，最重要的任務就是傳宗接代，當然得把握機會大鳴大放，沒有什麼事情比尋求配偶、延續生命更重要的了。每個生命自帶使命，生存條件和設定不同，因此蟋蟀的唱歌正是牠該做的努力、該盡的責任啊！

寫到這裡或許有人開始思考，若只討論人類這個族群，沒有意外的話壽命差不了太多，那麼這個寓言總可以成立吧？

來看看這個發現。在《歷史是一雙靴子》這本書中，日本教授磯田道史對學生分享，考古學家發現在鎌倉一帶地區，原始人類還得對抗猛瑪象求生存的時候，就已經開始思考一些不可思議的事：出現大量的「串珠」！照道理說，明明生活這麼艱辛，有空就應該去打獵多儲存些食物啊，怎麼卻有人熱衷於製作串珠這種「用不到」的東西呢？

根據考古學家和歷史學家的推論，這說不定是雄性原始人追求雌性原始人時送的禮物之一，就像現在男女互相告白送禮物各有所好，也許有些人很務實，帶著肉類去就能成功，也有些人喜歡美的東西，串珠就是最好的證據。

歷史學家的這段分享，給我們一種「有證據為本」的推測：那就是過去我們認為維持生理上的「活著」是人類生活的重點，卻忽略人也同時需要心靈上的「糧食」，這些看似不切實際的風花雪月或身外之物，也能給我們極大的撫慰和勇氣。

仔細一想，還有很多「證據」啊！比如說電影《美麗人生》的爸爸，即使身在納粹集中營，仍然想盡辦法讓孩子以為這是場生存遊戲，得以保有天真與希望；《偷書賊》裡躲避納粹追捕的主角靠著閱讀讓自己感到「自由」，才能忍受長期躲在永無天日的地下室；童書繪本《田鼠阿佛》更是一絕，當其他田鼠忙著儲糧過冬，阿佛總是在忙些「有的沒的」；冬天快撐不下去時，阿佛開始跟田鼠們說起太陽金黃色的光芒、麥田的紅罌粟和樹叢裡的綠葉子，阿佛的聲音為大家注入另一種活力，原來阿佛平日蒐集的是這些東西啊！

感受這些需要特別的「天賦」或是「個性」嗎？其實不然。

回想一下是否曾為偶遇的彩虹、天空特殊的晚霞景色駐足欣賞？或者想到海邊去透透氣吹吹風？這些都是我們與生俱來的「感受力」，也是我們與大自然連結的「自我療癒力」，這兩種能力與我們從逆境中爬起來的「韌性」息息相關，那些看似風花雪月的東西，如果真的無用，又怎能存在世界上呢？

改寫練習：如果故事長這樣……

版本一　對什麼事物認真才算努力？

夏季整天唱歌的蟋蟀到了冬天餓到發抖，此時牠想起或許可以找螞蟻求救，提起蹣跚腳步，擠盡最後力氣敲響螞蟻的門：「拜託分我一些東西吃好嗎？」

螞蟻們意見分歧，雖然先讓蟋蟀進門休息，但特地召開討論大會：到底要不要分食物給蟋蟀呢？畢竟這是大家一起努力的成果，總不能輕易就消耗掉了。

「我才不給，我最討厭不勞而獲的傢伙！」

「嗯，但是我每次搬東西路過聽到蟋蟀的歌聲，心情就會變得更愉快振奮，這樣也算有享受到吧，所以我願意分享。」

「話雖如此，但那也不是我自願選擇的吧，我又沒說我要聽。」

「我們食物有那麼多，能幫助別人，你不覺得自己很棒嗎？」

「哼，我寧可救其他人，也不要救懶惰的人。」

大家爭論不休還沒辦法有結論，蟋蟀已經因為過度虛弱而死了。

不想分享食物的螞蟻們沉默下來，牠們並不希望蟋蟀死，只是覺得應該給牠一點小小的教訓而已。

那隻拼命說服大家的螞蟻默默地說：「難道認真唱歌不算努力嗎？我也很喜歡唱歌，只是唱不出來啊！」

這個結局有些悲傷，卻是社會中最常發生的版本。

愛唱歌的螞蟻身在群體無法不工作，如果可以選擇，牠會選擇什麼呢？

也許還是工作吧，因為牠知道不工作的後果就是餓死，誰也不會分東西給牠，然而牠卻願意將自己辛苦得來的成果，分給熱愛唱歌、專心唱歌的蟋蟀。

在別的螞蟻眼裡，蟋蟀什麼事都沒幹，但在這隻愛唱歌的螞蟻眼中，蟋蟀做了牠認為也很重要的事，螞蟻能夠體會蟋蟀唱歌的心情，更理解好好唱歌絕對不是「無所事事」。

如果把工作換成夢想呢？

我們鼓勵孩子追求夢想，然而一旦孩子的夢想得不到大人的欣賞或認可，也許就會像這隻蟋蟀一樣被認為「不務正業」、「遊手好閒」，不論歌唱得再好，也無法抵抗他人的評價而轉換興趣，如此一來還能說孩子是憑著自由意志選擇夢想的嗎？

這就是愛唱歌的螞蟻發出的微弱抗議：做自己，還是做別人眼中的自己？

版本二 既然不重要，那如果消失了呢？

夏季整天唱歌的蟋蟀到了冬天餓到發抖，此時牠想起或許可以找螞蟻求救，提起蹣跚腳步擠盡最後力氣敲響螞蟻的門：「拜託分我些東西吃好嗎？」儘管螞蟻內部有不同意見，但投票之後少數服從多數，準備請蟋蟀離開。

疲累的蟋蟀實在無法再走一步了。牠鼓起最後勇氣告訴螞蟻：「這樣吧，如果你們願意現在救我一命，我就留在這裡供你們使喚，做任何你們要我做的工作。」螞蟻們再度聚會，這次很快有結論，蟋蟀留了下來，一頓飽餐休息之後漸漸恢復力氣。螞蟻們很高興加入這個大塊頭，這下子搬運重物可以交給蟋蟀了。

開始工作之前，蟋蟀要求唱最後一次歌，從此之後就「封翅」不再發出聲音。螞蟻們答應了，晚餐時刻蟋蟀進行告別演唱會，牠懷著無比悲傷的心情，投入情感用盡全力，唱出記憶中最令牠感動的歌曲，整窩螞蟻聽得如癡如醉，隨著歌曲有人拭淚、有人陶醉、有人歡笑，臉上盡是滿足。

隔天起，蟋蟀遵守約定再也不唱歌，努力地當個搬運工。

然而有些螞蟻看蟋蟀的眼神不太一樣了，牠們靠近蟋蟀時會刻意停下來幾秒，期待聽到牠偷偷哼個幾句；有些螞蟻休息時望著蟋蟀發呆，突然搖搖頭之後再繼續工作；甚至有些螞蟻開始想學唱歌……，總之好像有奇怪的氣氛逐漸發酵。

就這樣過了一陣子，有隻螞蟻在某次聚會時舉手提議：「雖然蟋蟀很努力工作，但是我們更想聽牠唱歌，蟋蟀生來就是要唱歌的啊。」

你曾經被一首歌深深觸動過嗎？聽到歌曲的旋律心情就激動不已？

你曾經被一幅畫深深感動過嗎？靜靜站在面前，眼淚不斷滿溢眼眶？

你曾經被一段文字深深同理過嗎？讀著讀著，覺得終於有人懂自己的心情了。

不知道戲劇、音樂、文學、哲學……這些在你生活裡佔多少比重？這些是「nice to have」還是「must have」呢？

我想起另一段對話：

寫這本書時，我的孩子正值國中青春期，有次吃飯時她很慎重的告訴我們：「媽，我覺得這個世界上有音樂真的太重要了，我的人生不能沒有音樂。」

接著她突然有點擔心的自言自語：「萬一這個世界沒有音樂，那會變成怎麼樣？」

如果你尚未有過這些經驗，就是還沒聽過告別演唱會的螞蟻，對這群螞蟻而言，「一切都回不去了」！

最重要的是，這群深深與蟋蟀歌聲共鳴感動的螞蟻，體會到一件重要的事：當蟋蟀不再唱歌，牠還是一隻蟋蟀嗎？或已變成一隻長得像蟋蟀的螞蟻？

在網路世界裡，有一群「開箱體驗」各種豪奢生活的網紅，以各種意想不到的炫富行為和方法，吸引眾多人按讚崇拜，欣羨不已的粉絲們還創造「貧窮限制了我的想像」這類流行金句。同樣類比，一個心靈貧窮的人，絕對無法體會過去人類文明累積的資產，例如：文學、建築、藝術等，如何能造就成千年古國，滋養每一個生命靈魂。

或許我們會質疑自己以及自己的孩子，既不是全方位發明家愛因斯坦，也沒有顯而易見的獨特天賦，根本不是流傳千世的天才，這種為人類作出什麼貢獻的使命，應該跟一般普通人無關吧？

是這樣嗎？

若沒有人鑽研料理，我們不會有驚豔舌尖的庶民美味，也許你說得出一兩位知名廚師，但記憶最深刻的美味是來自哪間街角小店呢？

若沒有人埋頭研究，人類不會有發光二極體的發明，這世界只有愛迪生發明的白光而已，你能想像失去五顏六色、飽和繽紛的各色燈光嗎？

若沒有人對植物有興趣，中藥、藥草學、精油、各種治療用藥、農產改良……全部失傳或無法培養開發，你知道我們失去的有多少嗎？

天才幾個就夠，但需要後代千千萬萬個平凡人接棒，人類才能將這些轉化為文明、進步與生活中享受的美好。

以上舉例的都不是賺錢的行業，甚至需要投入大量時間和熱情，沒有明顯的升遷和獎金，可說是另一種定義的「夢想職業」——需要夢想、理想、熱情三點支撐的工作。

我們並不是故事中的蟋蟀、也不是任何一種動物，能這麼輕易知道自己獨特的生存優勢，人類的後代是所有動物中最晚脫離家庭獨立，然而人類卻是地球上最強勢的物種，為什麼呢？

因為人類進行複雜思考、人類有文明傳承，孕育宇宙繼起之生命的父母們，最大的任務就是協助孩子了解自己的天賦任務，讓孩子成為自己的樣子！

你覺得呢？

延伸閱讀　《一首救了魚的詩》、《在他們成為知名作家之前》、《我的思考，我的光》

.STORY.

07

《放羊的孩子》你怎能確定我說的是謊話？

童話原著

一個牧羊的男孩，每天趕羊到山坡上去吃草。小男孩覺得每天做同樣的事情很無聊，於是他想了一個主意。他忽然氣急敗壞的衝下山坡，對著村莊大喊：「狼來了！狼來了！」

村裡的人聽見了，紛紛拿起木棒、獵槍等武器跑來，要幫男孩打走狼。但到了山坡，只見到哈哈大笑的小男孩，和一群正在安安靜靜吃草的羊，根本沒見到狼的影子。

小男孩覺得惡作劇很成功，於是動不動就玩這種「狼來了」的遊戲，弄得村民很生氣。有一天，狼真的來了，小男孩嚇壞了，他大聲的呼救，但這次沒有一個人來救他。結果他所有的羊都被狼吃掉了。

原有寓意

教育孩子要誠實，不要撒謊否則將自食其果。

這是一個非常「寫實」的寓言故事，貼近孩子們的本質，天真具有想像力的孩子，的確會因為無聊而想出許多搞怪的點子，只是尚未有能力評估自己的行為後果；村民們的反應也很符合真實生活情境，想想當大樓火災警報響起時，多數人第一個念頭可能是：今天該不會有演練吧？還是警報器又壞了沒修好？

小男孩並不壞，也很難指責村民們冷漠，但悲劇就會在未來的「有一天」發生。

大人們非常喜歡拿這個故事來警告孩子不要說謊，只想盡快遏止說謊行為和因此帶來的各種麻煩，對於孩子說謊的動機卻置若罔聞。

現代社會生活步調匆忙，父母們面對日常發生的瑣事容易和故事裡的村民一樣，看到的只有孩子的「問題行為」和事件「後果」，急忙下個結論收拾善後，而忽略背後隱藏的各種訊息和可能性。

這個狼來了的故事也很適合反向解讀：寧可錯信孩子一百次，也千萬別錯過孩子說真話的那次，因為願意說真話的那次，才是真正對話、了解彼此的開始。

負責牧羊的小男孩，每天獨自一人上山放羊吃草，不僅日子單調枯燥也很難放鬆，狼總是悄悄接近，一掉以輕心就很可能損失慘重。

有一天他似乎看到遠方有個黑點逐漸接近，連忙大叫「狼來了！狼來了！」村民們聽到後立刻衝上山幫忙，但卻看不見半個狼影，質問男孩：「狼到底在哪裡？」他只能委屈地說狼跑走了，也不知道該怎麼解釋才好。

幾次下來，衝上山的村民越來越少，最後幾乎沒有人願意相信他了。

這天小男孩再次看到黑點慢慢靠近變大，這次他很確定狼來了，但是他一點也不想大叫，他靜靜地看著狼攻擊羊群，直到羊群受傷後才下山通知村民，村民們衝上山時狼已經飽餐一頓揚長而去，當村民問小男孩為何不求救時，男孩說：「你們要看到狼才願意相信我說的話啊！」

這裡想談的是「信任」。

當我們將一個任務委託給別人時，我們相信這個人嗎？

如果不夠相信，那為什麼要選擇這個人呢？

如果沒有其他選擇，那該如何建立彼此的信任呢？

信任，並不是靠盲目直覺的選擇，必須建立在彼此的默契與共識上，經過各種情境考驗後累積的結果。故事裡的小男孩比誰都拉高警覺，他必須爬高望遠，才能看到遠方的狼，這樣的努力並沒有換來更多信任，反而被認為是胡亂拉警報。

為了建立信任基礎，男孩只好讓攻擊事件發生，成為「證明自己清白的事實」，男孩創造一個契機，讓村民思考自身矛盾的認知，或許有機會與村民們重新開始，共同改進原本的警報方式。脫口而出的信任很簡單，但放下刻板印象、正視偏見、接納「異見」，這種發自內心的相信一點都不簡單。

版本二 比起獲得，人性更在意損失

牧羊小男孩每天都趕羊上山吃草，這是他的工作，村民們各自有不同職業，平常辛苦工作討生活，不過村民答應男孩如果羊群有危險，一定放下手邊的事情來幫忙。

有一天，男孩發現狼群接近，急忙扯開喉嚨大喊「狼來了、狼來了！」但是狡猾的狼立刻逃跑，等到村民趕上山根本看不到狼，幾次下來不禁責怪男孩，以後看清楚再叫，免得大家白忙一場。

小男孩覺得委屈，狼跑得比人快啊，而且狼很狡猾，好像知道願意上來幫忙的村民越來越少，也就一次比一次更靠近羊群。

該怎麼辦呢？小男孩心裡很著急，終於想出一個辦法。

小男孩挨家挨戶敲門，主動跟村民說，若他們也有養羊或牛，那麼他可以一起帶上山吃草以回報大家的幫忙。村民們很高興，能讓牛羊去吃草不但可以省下糧食，也讓牛羊更有活力。

於是，小男孩帶著自己的羊群和村民們的牲口一起上山。後來當狼又悄悄靠近的時候，男孩喊的不是狼來了，而是「羊不見囉、羊不見囉！」、「牛走丟囉、牛走丟囉！」如此一來，關心自己牛羊的村民一定會上山幫忙，小男孩再也不擔心沒人相信他的話了。

這是寫給大人的改編版本。村民們的抱怨和倦怠代表普遍人性，看不見狼也是事實，現實生活中類似情境層出不窮，與其費盡唇舌解釋也

未必有人相信，那就得動腦筋讓別人願意幫忙。

小男孩很聰明，讓大家擁有共同目標或利益，全都在同一條船上，那麼看待「預警」的角度和尺度就有所改變：與自身利益相關者，寧可多做不願輕放，不想承擔任何「萬一」的風險，更無法期待他人義務協助；旁觀者則希望預警越少越好、越準越好，不想輕易更動日常作息，畢竟牽一髮動全身的成本都得自己買單。

在故事裡沒有人是壞人，但是壞事總要有人採取行動才可預防，巧妙運用人性讓大家心甘情願，這樣的設計也可以用在教養生活裡喔！

曾經聽過一個真實故事，孩子單獨在房間裡玩，一輛小車子衝出去撞到桌腳，桌子晃了一下，桌上的小花瓶滾到桌下摔破了。媽媽後來進房間看到問孩子：「這是你打破的嗎？」孩子搖搖頭。

媽媽聽到後十分難過：「為什麼你要說謊？剛剛明明只有你在這房間啊？」

也許你會問這孩子幾歲啊，他有能力分辨因果關係嗎？

也許你會思考這媽媽對孩子的教養態度是什麼，孩子才決定如何回答；或者你想替這孩子抱不平，他沒有碰到花瓶，這樣也算是他打破的嗎？

一個看似簡單的生活事件，原來也蘊藏這麼多面向的思考！

當我們明白有如此多的可能性之後，再來看各種「問題行為」，就能有傾聽的耐心與意願，花更多時間還原當下究竟發生什麼事，而關注焦點也會從「是否有說謊」的二元審判，轉換成對當事人的理解：

你的感受是什麼？

為什麼你想這麼說？

這樣的結果和你想的一樣嗎？

所有的溝通無非希望增進了解，而非加諸評斷和指責，再看一次放羊的孩子，你有發現他內心深處的寂寞和哀傷嗎？

下一次又發生「信任危機」事件，心生懷疑之時，不妨試著提醒自己：

❶生氣永遠不嫌遲，先放下自己的解讀版本，聽聽孩子的說法；

❷相信孩子就是相信自己過去的教養，同理他的處境，才能理解他當時的選擇；

❸善意的謊言可能是保護機制，和孩子討論教養方式是否也是說謊的原因和動機之一呢？

STORY 08

《城市老鼠與鄉下老鼠》

慣性可能騙了你自己

童話原著

有一天，鄉下老鼠邀請城市老鼠到家裡做客，城市老鼠很高興，但是鄉下老鼠拿出的食物和水讓城市老鼠有些失望。於是城市老鼠決定讓鄉下老鼠開開眼界，邀請鄉下老鼠到城市家作客。

城市老鼠家有蛋糕、起司、水果、蜂蜜等各式各樣的食物，鄉下老鼠好羨慕。不過正當鄉下老鼠準備大快朵頤的時候，突然一隻貓出現追趕牠們，好不容易喘口氣，又被路過的小男孩追打。

城市老鼠說：「我們換個地方試試吧，我知道哪裡還有豐富大餐等著我們。」

鄉下老鼠一點也不想再待下去，告訴城市老鼠：「沒關係，算了吧，我還是回鄉下老家去，雖然沒有各種美食大餐，但至少我可以安心吃飯啊！」

原有寓意

別一味羨慕別人，珍惜自己所擁有的；適合別人的未必適合自己。

這故事可不是只發生在童話老鼠身上；住慣鄉下的人嫌都市又吵又悶，都市人則說鄉下好山好水好無聊，過幾天各自歸隊，就像童話裡的兩隻老鼠一樣，短暫體驗就好，長住可得全面更新生活模式。

對動物而言，居住環境可不只是習慣而已，而是會改變基因的生存之戰。科學家們曾進行一項大型實驗，在鄉下與城市裡共抓了四百隻溝鼠，城市老鼠隨著人類遷居生活，基因為了幫助牠們適應各項機會與風險，因而出現許多變化，包括飲食內容、行動能力和行為變化，基因定序後證明鄉下老鼠和城市老鼠真的不一樣啊！為了生存，人類基因也必須適應氣候變遷、工業汙染帶來的環境挑戰，就連植物也必須隨著氣溫和日照的變化，重新調整開花結果的節奏。

科學用基因證明環境對生物的共同影響。那麼所謂適合自己的，有可能是一種「適應結果」，而不是想像中的「自主選擇」嗎？

《個性：不只成為自己，更要超越自己》一書中，對一般人認為「個性天生、無法改變」的說法提出質疑，作者蒐集社會學、心理學、腦科學等研究交互辯證，認為每個人身上，都有個不認識的自己；個性會隨著成長有所改變，每個人都有機會可以重新塑造自己，透過不同規模的行動，改變程度也隨之不同。

最重要的是，這些不斷追求嘗試改變的人，仍然認為是「做自己」喔！

回想起來，人的心境的確隨著年齡、身心狀態有所改變，例如一個大病初癒的人、開始退休生涯的人、經歷特別事件的人……，伴隨出現性情大變或想要轉換新的生活模式，因為外界設定改變而展現從未出現過的另一面，似乎也印證《個性》作者提出的論點。

接下來兩則改寫故事，將試著從情節裡想像這種可能性，如果你也覺得很合理，那不妨在生活裡作個小實驗，說不定身旁的朋友家人會突然發現：你的個性怎麼不一樣了？

改寫練習：如果故事長這樣……

版本一　驅使你生活熱情的動機在哪裡？

城市老鼠嘗過鄉下老鼠家的食物之後，也想分享城市裡的美味大餐，於是邀請鄉下老鼠進城作客，鄉下老鼠看見五花八門的食物口水直流，但是除了貓之外，太多其他的威脅讓鄉下老鼠提心吊膽、消化不良，想提早回鄉下去。

城市老鼠笑了笑，幫鄉下老鼠打包精心挑選的美食，有些是路上吃的點心，有些比較耐放，回家後還能繼續享用。

隔了一個多月，有一天有老鼠從鄉下千里迢迢跑來找城市老鼠。這隻老鼠是鄉下老鼠的鄰居，牠吃了鄉下老鼠帶回去的食物念念不忘，即使鄉下老鼠告訴牠城市生活多麼險惡，牠仍然想來試試，帶著全部家當下定決心，要跟城市老鼠一起冒險。

熱愛美食的牠們成了好搭檔，一起奮戰一起分享，鄉下老鼠很快就變成一隻城市老鼠，腦子裡有張自己發明的美食地圖呢！

鄉下老鼠或許剛好出生在鄉下，城市老鼠也未必自己選擇待在險惡之地，各自適應原生地求生存，但生存只是最低限度，談不上自己的想望和快樂，在故事之外，相信城市的老鼠裡也有吃美食如嚼蠟，只想平安生活的個體。

原有故事已經告訴我們適合自己的才是最佳選擇，但如何知道什麼是「適合自己」的呢？寫這個故事時，我深深羨慕筆下鄉下老鼠的鄰居，觸動牠的生命開關，引領著牠毫無懸念到城市發展，這種巨大的動力和熱情，來自一顆保持開放的心，好好體會來到生命裡的人事物，裡面就會有驚喜彩蛋。

版本二　你的想像不是事情的真相

城市老鼠嘗過鄉下老鼠家的食物之後，也想分享城市裡的美味大餐，於是邀請鄉下老鼠進城作客，鄉下老鼠看見五花八門的食物口水直流，但是邊吃飯還要一邊提防各種危險，反而難以下嚥，於是鄉下老鼠對城市老鼠說：「除了貓之外，太多其他威脅讓我提心吊膽、消化不良，我懷念安穩吃飯、飯後出門鍛鍊身體的生活，謝謝你的招待，我還是提早回去吧！」

這一兩天城市老鼠的確發現鄉下老鼠的體力很好，雖然不適應城市生活，但是發生危險時的反應可不輸給牠，這讓牠好奇起來，吃得那麼簡單也這麼健康？難道那邊的食物有什麼特色嗎？城市老鼠這次打算跟去鄉下待久一點，體驗鄉下老鼠平日的生活一探究竟。

城市老鼠跟著鄉下老鼠蒐集食物，鄉下地方好大，一天裡來回好幾次像跑馬拉松；蒐集食物後還要去隔壁村交換糧食，每個村的主食不同，鄉下老鼠愛吃玉米和地瓜，扛小米跑了兩個村交換，根本是重量訓練；過了一週，鄉下舉辦祭典，平常難得看到的雞鴨魚肉和醃製物紛紛出現，鄉下老鼠和其他朋友共同分工合作，在祭典期間完全沒休息，至少存了兩三個月的「大餐」。

城市老鼠覺得每天都好忙，晚上一躺下去立刻呼呼大睡，才待半個月肌肉都長出來了。祭典結束後，鄉下老鼠們也舉辦「狂歡週」，好好大吃大喝慰勞自己，換城市老鼠大開眼界、吃得很開心，努力採集後的美食似乎更美味啊！

宴會結束後，城市老鼠告別鄉下老鼠，牠在回家路上思考很多事，包括牠發現自己漸漸忘記啤酒和蛋糕是什麼味道，但是竟然沒有特別想念，到底為什麼會這樣呢？

當我們旅行時身處陌生的城市場域，自然會開啟「觀光客之眼」，不僅會注意平凡微小的細節，也會放大對事物的各種感受，而片面蒐集來的各種資訊，加上旅途中發生的經歷，最後累積成為我們對這個城市的印象；不論是觀光客的印象，或是在地人長期生活的感受，都是某一面向的真實。

同樣的，體驗某種「生活」或「職業」也會有類似現象。城市老鼠一開始因食物種類對鄉下產生貧困或缺乏的刻板印象，然而當牠願意再次下鄉 Long Stay 時，才有機會完整體會鄉下的方方面面，食物來源與人類農耕、祭典節慶息息相關，採集食物需要付出的心力與都市生存法則大不相同，這些替城市老鼠重新建構對鄉下的認識，也意外發現自己的改變。

旅行不是為了比較優劣或單純享受，而是透過全新的生活方式與節奏，挖掘自己對新事物的反應與體會，主動創造更了解自己的機會，這才是旅行如此吸引人的真諦。大家猜猜城市老鼠這趟 Long Stay 結束回家之後，會有什麼決定或選擇呢？

《城市老鼠與鄉下老鼠》是少數我很喜歡的經典故事，故事簡單貼近真實，原有的寓意也值得深思，每個人都有最適合自己的一套價值觀與生活方式，無須比較羨慕別人。

既然個人想法與主張如此重要，那什麼才是「最適合」呢？而我們的喜好判斷又是如何形成的？在這過程中，有哪些因素會影響我們嗎？這正是兩個改編故事想傳達的思考訊息。我們以為的「最適合」未必為真，可能因為尚無機會接觸其他選擇，只是「目前最佳解」；而我們習以為常的「舒適圈」思維，已經形成某種「慣性」，當新事物來到面前，恐懼和不安全感讓人誤以為不適合不喜歡，失去嘗試的機會。

因此每隔一段時間，主動創造、尋求新事物的經驗，有助於我們保持選擇彈性，觀看自己的反應，更新對自己的了解，再透過新舊經驗比對想想是否有矛盾之處，滾動式調整處事價值觀，每次都在最佳生活模式，怎會不感到幸福滿足呢？

這樣的模式不僅大人需要，更適合用在教養生活中。孩子每個成長階段發展極快，特別是進入學齡期後擁有語言與學習能力，加上團體人際關係的刺激，個體發展速度加倍，若家長們沒有隨時藉由生活事件更新原有印象，與孩子的溝通很快就會遇到瓶頸，失去對孩子的建議權與影響力。

大人們平時忙於生計照顧家庭，就讓孩子當我們另一雙好奇的眼睛，當孩子們開口請求或邀請大人嘗試新事物的時候，別忘了跟新版本的城市老鼠鄉下老鼠學習，將自己打開放空，一起和孩子創造嶄新的生活經驗和回憶吧，說不定「最適合」的新選項就此浮現！

客座專欄

Column

與大師一起腦洞大開

《浦島太郎的選擇》

米露谷心理治療體系策略長／陳品皓

原版故事

有一天，一位心地善良的漁夫浦島太郎，他在海岸邊看到一群頑皮的孩子正在逗弄一隻海龜，於是出手相救，並將海龜放生。

被他救助的海龜為了報恩，載著浦島太郎潛到深海底的龍宮參觀，並且受到了龍宮女神的熱情招待，一轉眼過了三天的歡樂時光。

浦島太郎開始想念起自己的家鄉與親人，於是打算辭別海底龍宮打道回府。就在臨別之前，龍宮女神送了浦島太郎一個密閉的盒子，並且說道：「無論發生什麼事情，千萬不要打開這個盒子。」浦島答應了這件事情後回到了家鄉。

令人訝異的是，浦島在龍宮待了三天，外面的世界已經變得面目全非，一番打聽才知道，浦島待在龍宮的這三天裡，外面的世界竟然已經過了三百年。知道這個事實後悲傷不已的浦島太郎，不自覺打開了女神送的盒子，就在一股青煙裊裊升起之際，浦島太郎瞬間從少年變成一個白髯老翁。

腦洞大開改寫版

在深海龍宮的日子，一轉眼已經過了三天，浦島太郎雖然無憂無慮，但也開始想念起自己的親人，於是他打算辭別海底龍宮打道回府。

臨別之際，龍宮女神拿出一個神祕的盒子交給浦島太郎，一邊神情嚴肅語重心長地告訴浦島太郎：「這個盒子裡裝著你逝去的時光，當你決定要打開它時，你就會為這三天歡樂而富裕的生活付出不可逆的代價。」

浦島太郎看著女神如此嚴肅而認真的神情，有點摸不著頭緒，雖然不知道女神口中的「代價」是什麼，卻也將這番話謹記在心裡。

於是浦島太郎重新回到陸地上，踏上歸途。

然而，回到家鄉後，面對已經過了三百年的世界，在人事已然全非、景物不再的震撼與衝擊中，巨大的失落與惆悵佔據了浦島太郎的腦海，他頓時感到與世界失去了連結，自己是如此微小孤獨的存在。

在一片茫然當中，他再次想起女神在離開前，交付盒子時對他所說的那些話，於是，浦島太郎緩緩地看向手中的盒子……

延伸思考與提問

浦島太郎的故事裡有很多隱晦並令人再三回味的線索與元素，其中深刻的一段，莫過他最終忍不住打開了盒子，而變成了老人的一幕。

有關這段故事的象徵和寓意，有著許多不同層面的說法。我自己選擇只改寫了女神遞交盒子時的場景，是希望在這個時刻，女神能先提示和說明盒子裡的內容物代表了什麼意義，這不僅能讓浦島太郎與讀者事先有個心理準備，同時也在傳遞一個訊息；一個生命經驗的選擇與經歷，也是另一種生活與機會的拒絕與失去。我們永遠無法知道哪一個選擇會是最好的選擇，所以關鍵在於你是基於什麼原因、什麼樣的理解，而做出了這個選擇。

在獲得與失去之間，我們永遠不會有衡量與比較的機會，但在浦島太郎原版的故事中，卻似乎有一種對應與補償（浦島太郎享受了歡愉不事生產的時光，代價則是失去了現實中的親人，最終也失去了青春）。而我選擇用開放性的故事作為結尾，是希望透過這樣的形式，讓讀者在事前理解故事脈絡與結局的前提下，自行在內心提問思考，將自己投射進入浦島的角色裡，感受你在面對盒子的糾結、猶豫和決策中，所帶來的覺察與體悟。

以下問題爸爸媽媽也可以藉機思考：

Q1 在面對教養中的原則與決定時，你是如何取捨的呢？這些取捨的背後，你思考過要放棄的是什麼嗎？

Q2 面對孩子在做選擇時，你的立場與原則是什麼？在什麼情況下你會強力的介入呢？對你和孩子的意義是什麼？

PART 3

改寫你的人生腳本

STORY 09

《豌豆公主》現代沒有王子，你的能力撐得起你的要求嗎？

童話原著

有位即將成年的王子，他的母后準備為他找老婆結婚，不過王子希望可以找到一位真正的公主來當他的未來妻子，他尋訪各個王國和所有公主會面，卻還是找不到自己滿意的對象。

一個風雨交加的夜晚，一位全身濕透的年輕女孩來到城堡尋求遮風避雨的地方，她自稱是真正的公主，雖然沒人相信，但還是讓她住了下來。皇后把所有床墊和床單都從床架上拿起來，在底部放了一顆小豌豆，再將二十張床墊以及二十張羽絨被放回去。女孩就在這張床上睡了一夜。

隔天早上，皇后問女孩昨晚睡得如何。

她說：「我整晚幾乎沒有闔眼。不知道床下有什麼東西，似乎有個硬硬的東西。」

皇后認為只有真正的公主才能感受到這顆藏起來的小豌豆，便立刻安排婚禮讓女孩與王子結婚。

原有寓意

擁有某些身分或特質的人，不會因為經歷而失去原有的敏感性。

若查網路維基百科，上面寫著安徒生是從瑞典版本《七顆豌豆上的公主》獲得故事雛形，內容是一個孤兒女孩靠一位好心的幫助者得知床墊下放了一顆豌豆，從而證明了自己公主的身分。在當時的社會文化背景裡，王室或貴族血脈尚無法靠科學檢驗得知，但是社會階級往來原則嚴謹、資訊封閉不流通，因此才會藉著平民百姓根本無法擁有的「經驗」或「特質」作為辨認基礎。

回到現代，教養就像致富經驗一樣，被認可的成功者都有自己的一套論述；有些人主張「富養」小孩，意思是日常生活食衣住行育樂的各種選擇，用高於一般平均的標準看待，孩子在富裕環境中成長「見多識廣」，從接觸的各項事物中自然培養出一定的眼界和標準，長大後無法輕易容忍或妥協，就會盡力維持、追求自己期望的生活。相反的「窮養」概念，則強調「沒有傘的孩子才會努力奔跑」，從小缺乏資源才能鍛鍊、激發潛力與意志力，長大後自然比別人更能適應環境。

兩種理論各有擁護者，不少人特別觀察全球知名富豪，如：股神巴菲特、比爾・蓋茲如何教養小孩，因此這個概念後來也出現「男孩窮養、女孩富養」、「心靈富養、物質窮養」的延伸討論，將「富養」原則闡述的更細緻。

不論我們是否贊成這些教養理論，和豌豆公主童話再度比對，可以得知共同結論是：孩子受到教養環境潛移默化，日後對事物的感受判斷、對生活的期待追求會間接被家長形塑，身為孩子們學習模仿的對象，大人們必須提醒自己作出正確行為示範，以免不經意的生活細節裡，藏著破壞教養的魔鬼啊！

改寫練習：如果故事長這樣……

版本一　徹夜未眠的公主

王子即將成年，皇后希望他能盡快成親，可是王子希望能找到一位真正的公主與自己匹配；於是王子四處出訪，也見了其他王國的公主，然而就是沒一個滿意的。

一個風雨交加的夜晚，自稱是公主的年輕女孩到皇宮求宿，皇后留她下來，並在她睡的床鋪上放了顆豌豆，再疊上厚厚的床墊被單。隔天皇后問女孩睡得好嗎？女孩遲疑了一會兒，思考如何回答比較好，最後她說：「謝謝您昨晚收留我，比起在外面淋雨吹風，能躺在溫暖的被子裡已經很舒服了。」

皇后看到一臉疲憊的女孩，聽到她的回應雖然覺得奇怪，但也沒多說什麼就讓她離開。

王子想找公主結婚的消息漸漸傳開，又一位自稱公主的女孩來敲門，皇后比照辦理，隔天也同樣關心睡得好嗎？這位女孩毫不猶豫地說：「我整夜翻來覆去很不舒服，總覺得壓到什麼東西卻找不到，現在好想睡覺啊！」」

皇后聽到後認定這是真正的公主，心中大喜，立刻安排王子認識，很快就迎娶成親。

結婚之後才是考驗的開始。這位準皇后常常上演「公主徹夜未眠」，可能是月光太亮讓她刺眼睡不著、窗外貓頭鷹的叫聲驚嚇到她，或者是換季時新棉被不夠柔軟……，連同睡的王子也被抱怨翻身次數太多，大家想盡辦法降低干擾迎合她的需求，但日子一久，私底下每個人早已怨聲載道。

宮裡的抱怨流傳出去，有天有位女孩求見，表示她能幫助公主好好睡覺，果然才沒幾天公主的症狀減輕許多，讓所有人鬆一口氣。皇后連忙招待這位女孩，發現她就是第一天來皇宮過夜的女孩，原來那夜她也感覺到床鋪下的豆子而難以成眠，深受困擾的她後來嘗試許多方法協助自己的敏感體質，因此這次才能幫忙同病相憐的公主。

皇后聽完感嘆的說：「真正的公主不只擁有高貴的身體，也應該有顆體貼敏感的心啊！」

皇后找尋公主的故事，像不像企業面試員工、我們尋找結婚伴侶的過程呢？

主試者憑藉著某些「特質」辨認心中理想的對象，放大這些特質代表的意義或影響，一旦符合條件便自動忽略其他因素，權重比例失衡之下，很可能做出後悔的決定。

不妨思考一下，自己非常在意的條件從何而來？是過去發生什麼事件得到的「教訓」嗎？是某位長輩賢者給的建議嗎？還是從別人成功或失敗經驗中歸納的結果？

在教養孩子的過程中，父母很容易犯如此的錯：過度在意某些能力，將時間資源投入在少數項目中，排擠了孩子嘗試其他活動的機會，也忽略外在環境的變化，漠視可能伴隨的負面影響；為了避開情況A而做的努力，導致情況B的發生，因為缺乏系統客觀思考，任由主觀意識與情感因素主導的判斷，就必須承受思考偏誤的後果。

版本二 豌豆測試的不是公主

王子即將成年，皇后希望找到真正的公主與王子成婚，於是便邀請周邊國家的未婚公主們前來做客，不過皇后認為其中沒有合適人選，讓她傷透腦筋。此時有位衣衫普通的女孩前來求見，她自稱是某個遙遠王國的公主，路過此地前來拜訪，皇后半信半疑但禮貌地邀請她過夜作客，慰勞她旅途中的辛勞。

為了確認這位女孩是否公主，皇后命人在二十張床單和被子下放了顆豌豆，豐盛晚餐後女孩便在這床上睡一晚，打算明天好好認識王子與這個國家。

隔天一早，皇后詢問女孩睡得如何。女孩回答：「房間非常舒適，不過我感覺床鋪下有點東西，這應該是想測試我是不是真正的公主。」皇后大驚，雖然感到有些不好意思，但也同時非常開心找到真正的公主。

然而女孩接著說：「不過很抱歉，我不是你想要的公主。原本我很希望有機會能和貴國王子認識結婚，經過這一晚我發現，王子的婚姻是由母親來決定，而且挑選方式也令人失望，這不是我想要的王子，今天就告辭回去，謝謝您的招待。」皇后聽完之後非常驚訝，還來不及說些什麼，這位女孩已頭也不回地離開。

一開始改編這個版本，純粹想替公主們出氣，為什麼需要「被認可」、「被測試」？那誰來測試王子啊？到底這女孩是不是公主，其實從頭到尾都沒有被證實。

　　豌豆能測出的是「嬌貴」類型的公主，但是真正有智慧的公主，就從這測試事件裡看出背後的意義，提早遠離「愚蠢皇宮生活」，這才是機智聰明的決定！進一步想，一位有教養有智慧的女孩，還怕找不到自己心中的王子嗎？

我們每個人都有與生俱來的特質，有些無傷大雅，有些會對生活造成困擾，進而影響與他人互動；或者同一個特質對A來說倍感壓力，對B來說卻雲淡風輕；「特質」是中立的，隨著每人的生活環境與思維才會有所不同。

豌豆公主在實際生活裡的確存在，過往曾被戲稱「公主王子病」，「難搞」、「挑剔」、「找麻煩」的孩子們，若排除教養造成的影響，那麼可能具有「高敏感」族群的特性，其感官對於觸覺的感受力比一般人更敏銳。豌豆公主便屬於「觸覺敏感」類型，例如接觸衣物的材料與質感；也有「聽覺敏感」類，除了能察覺細微聲音之外，甚至對於聲波、電波也能聽到，或者具有絕對音感，本身就像是調音器一樣；「味覺、嗅覺」敏感的人，則能輕易細緻區分各種不同味道變化……。

我的孩子也是高敏感一族，童年時期尚未理解自己、也很難充分表達感受，生活裡難以妥協的麻煩，不僅自己受苦，也讓周邊的人倍感壓力；然而敏感特質也讓她能輕易察覺環境裡任何細微的變化，對細節的記憶令人驚訝；記得第一次她玩遊戲展現這些無可取代的能力協助大家破關，臉上開心的表情彷彿找到「使用方式」，終於知道這些特質存在的意義。

試想一下高敏感人的生活，身上帶著無法關掉的接收器，處理這麼多的訊號真是又累又煩，這些天生自帶、無法拒絕的特質，到底是禮物還是麻煩？或者都是？一杯獨特香氣口感的咖啡、一瓶獨一無二的香水、一張符合人體工學的沙發、一座識別清楚，讓旅客毫無陌生感的機場……，當我們享受五感帶來的體驗，正是這些能區分細微差異的專業人員帶來的成果。

如何協助孩子了解自身高敏感的特質，「管理」特質帶來的不便，可事先做好準備降低衝擊與對他人的影響，那麼這份天賦特質，可能帶領孩子踏上不一樣的精采之路。

STORY 10

《灰姑娘》—順從是放棄自己的一種表現

童話原著

從前有個女孩在父親過世後，和繼母與兩位姐姐住在一起，因為常被使喚做粗重的工作，經常弄得全身是灰，因此被戲稱為「灰姑娘」。有一天，城裡的王子舉行舞會，邀請全城的女孩出席，繼母和姊姊們花很多心思參加舞會，卻不想讓灰姑娘出席，當天晚上加派很多工作給她，但灰姑娘也好想參加舞會啊！

此時有位仙女出現了，幫助灰姑娘搖身一變成為高貴的千金小姐，並用魔法將老鼠變成僕人，南瓜變成馬車，又變了一套漂亮的禮服和一雙玻璃鞋給灰姑娘穿上，但仙女提醒她，不可逗留至午夜十二點，十二點以後魔法會自動解除。

灰姑娘出席舞會立刻吸引王子目光，一起共舞直到午夜。灰姑娘不得已匆忙離開，不小心留下一隻玻璃鞋。想找到灰姑娘的王子派大臣全國探訪，希望找出能穿上這隻玻璃鞋的女孩，儘管有後母和姊姊們想辦法阻礙，大臣仍成功的找到了灰姑娘，王子和灰姑娘最後成婚，從此過著幸福快樂的日子。

原有寓意

逆來順受的美德，保持善良最後一定會被看見。

我們常說語言是活的，同樣的詞彙在不同時代經過不斷地應用、被詮釋，就像一個人也會成長改變一樣，進而附有更多的含義；「灰姑娘」後來廣為流傳的版本在法國作家筆下，才多了南瓜馬車、仙女等超現實力量，從最後結果來看似乎更受歡迎。而現在「灰姑娘」三個字廣泛應用在現代愛情小說、戲劇名稱，甚至用來形容女性經過一番波折歷練之後，終究完成自己夢想的過程。

精神治療師科萊特・道林（Colette Dowling）於一九八一年首次提出「灰姑娘情結」（Cinderella Complex）的概念，形容女性壓抑不滿、忍耐現況，因為恐懼而限制自己的想法和能力，期待依賴外力或他人替自己解決困境、拯救自己。在許多性別教育的討論中，也不斷提醒充滿性別刻板印象的社會文化，會讓個體自我設限，認為自己需要受到保護而缺乏能力，容易導致灰姑娘情結的產生。

隨著女性地位提昇，許多優秀作家挑戰改寫灰姑娘，反映不同時代對這個故事的反思，例如繪本《灰王子》挑戰性別刻板印象；榮獲紐伯瑞文學獎銀獎的《魔法灰姑娘》則探討「聽話」本質，並加入主動扭轉命運的歷程。若故事一開始，灰姑娘就沒辦法逆來順受，事事有意見，想必後續發展截然不同吧。

改寫練習：如果故事長這樣……

版本一　翻轉人生不用假手他人

當父親因為意外過世後，繼母和姊姊們對灰姑娘的態度漸漸不同，不想做的事都丟給最小的灰姑娘，原本灰姑娘不以為意，但是後來自己體力也負荷不了，便開口和繼母與姐姐們討論。

沒想到繼母和姊姊們的全部心思都放在王子即將舉辦的舞會上，根本沒有心思管這些事情，整天什麼也不做，只想著衣服妝髮和舞會的所有細節。灰姑娘非常生氣，沒有她勤奮做家事，她們還去得了嗎？

於是灰姑娘心生一計，她偷偷藏了乾糧在房間裡，在舞會舉辦的前兩天開始裝病臥床，不能煮飯、洗衣服、打掃家裡。這下子大家都慌了，眼看著一切可能來不及，母女三人只好自立自強，動手完成一切大小事，才開心地依照原計畫參加舞會。

繼母和姊姊們前腳一踏出家門，灰姑娘就從房間裡出來，她穿著平常普通的衣服，好好吃一頓飯之後，就慢慢散步到舞會現場。在光鮮亮麗的舞會裡，灰姑娘的出現引起全場注目和議論：「那是誰家的女兒啊，怎麼穿得那麼破舊？」繼母和姊姊們看見灰姑娘出現大吃一驚，但也不敢上前過去攔阻灰姑娘，以免暴露自己的身分。

原本就邀請全國女孩參加的王子，看到穿著普通卻氣質與眾不同的灰姑娘非常好奇，於是向她走過去邀一支舞，在這一支舞的時間，灰姑娘告訴王子自己的遭遇，並希望王子能給她一份住在皇宮裡的工作，讓她能脫離家庭的控制自力更生。

王子一口答應，並立刻請繼母和姊姊們離開舞會，同時告訴大家灰姑娘勇敢改變現狀的勇氣與智慧，是所有女孩的學習榜樣。

在閱讀原有故事時，我將自己想像成灰姑娘，日復一日的繁重工作之外，還要忍受沒有愛的家庭生活，當下灰姑娘最想做的事情是參加舞會嗎？結婚嗎？恐怕都不是。舞會或結婚只是她能夠想像的手段，「逃離現況」才是她最想要的吧！

逃離那個家，才有翻轉人生的可能，這個版本於是誕生。

雖然王子仍然象徵著另一個拯救的力量，然而她的依賴不是將人生再次交到別人手上，而是藉由權力將自己拔出泥淖，並換得一個努力的機會。

這樣的灰姑娘儘管外表灰頭土臉，也無法掩蓋她眼中堅毅的眼光；而王子看見的是毫無華麗衣裳包裝的灰姑娘，這時候的愛，會不會更有機會是真愛呢？

當父親過世後，家中唯一的權力中心瓦解，繼母和姊姊們原形畢露，行為舉止越來越隨便不客氣，還把家事都丟給最小的灰姑娘，每天搞得她灰頭土臉；不過她們沒有料到的是，對灰姑娘而言，若繼母沒有放心思在灰姑娘身上，那也等於沒人管教她了。

時間一久，灰姑娘也越來越大膽不聽話，家事隨便做一做就好，沒人管她的時候她會偷溜出去，偷偷交了很多朋友。王子邀請全城女孩參加舞會的消息一出，頓時成為女孩們的生活重心，兩位姊姊也不例外，精心為當天活動做準備，灰姑娘的朋友們也在談論此事，大家都很期待可以進宮一探究竟。

對灰姑娘而言，這也是個天大的好機會。繼母和姊姊們期待透過舞會認識王子，說不定有機會嫁進皇宮一步登天；其他女孩則是把握少有的娛樂機會，建立少有的社交生活，一睹皇宮風采；灰姑娘心想，當天晚上大家注意力都在舞會現場，那天就是離家翻轉人生的最佳時機啊！

於是灰姑娘故意請求繼母和姊姊們讓她參加，繼母為了阻止她分派給她更多家務，這正是灰姑娘希望的，不僅讓她們掉以輕心，也藉由平常不會做的家事翻箱倒櫃，默默打包需要的東西。舞會那天終於來臨，繼母和姊姊們開心出門後，灰姑娘帶著行李也告別這灰暗的人生，啟程展開新的一頁。

聽說繼母和姊姊們舞會返家後，以為灰姑娘只是偷溜出去，在家等著準備大罵一頓呢！沒想到隔天早上沒人做早餐，三人這才慌了手腳，灰姑娘真的離家出走啦。

這版故事裡並未更改原有設定：沒有愛的家庭、不見天日的家務、令人嚮往的舞會，唯一不同的是灰姑娘拋開「被拯救」的期待，「舞會」對灰姑娘的意義正是天上掉下來最好的逃家時機。

重新設定「事件」對自己的意義，就擁有截然不同的人生劇本。

灰姑娘設定在舞會裡找上帝，那就必須把自己的未來全部押在王子或貴族身上；灰姑娘設定舞會當天逃離原生家庭，那後續人生就全部掌握在自己手裡；都是機會，但是哪一個未來可能有更多選擇呢？

雞蛋不能放在同一個籃子裡，嘗試都有成功或失敗，因此這兩種設定沒有對錯，但的確有「高下之分」，把握一個機會滾出更多可能性，讓自己有更多嘗試，這就是離開的意義。

成為原著故事裡的灰姑娘一點都不難，每個人在人生中某個情境內都曾是灰姑娘，當自己沒有資源只能逆來順受，又缺乏改變勇氣的時候，這套將自己設定為灰姑娘的「內在劇本」已經悄悄上演。

未來絕對是競爭資源的社會，從國與國之間搶奪糧食、能源，到家家戶戶搶買衛生紙、雞蛋，更別提日益稀缺的水、電和土地，「缺乏」將是未來生存的常態。原著故事裡神仙教母像是難得出現的「貴人」，提供必要資源讓灰姑娘如願以償，不過在改寫故事版本中均捨棄神仙教母的登場，正是因為我們無法將逆轉勝的契機，寄託在不確定因素上，否則神仙教母怎麼不在灰姑娘受虐時出現，非要等到舞會才現身呢？

那麼，新版故事中勇敢機智的灰姑娘有哪些能力？

我認為是：不畏變動、習慣未知、策略思考。這些與個性天賦無關，後天的訓練養成就能培養這三大能力。

孩子漸漸長大後，我們會邀請孩子參與許多決定，從吃穿什麼、旅行的目的、學哪些才藝、時間如何安排……，每項決定過程都是絕佳的討論契機，也是談判協商的初始經驗；孩子還小的時候我們提供選項，讓孩子學習判斷思考、也承受選擇帶來的酸甜苦辣以增進自我了解；當孩子開始大量學習，我們帶入時間具有排擠性的「機會成本」概念、牽一髮動全身的「蝴蝶效應」概念；孩子邁入成年之際，具有系統性的各種評估和思考工具，適合用於生涯規劃與發展的決策過程。

面對高度變動的社會，現有資訊不足仍需要做決策，透過平日生活的「選擇實驗」，我們會漸漸適應模糊不明的狀態，也能接受各種「神展開」的未知旅程，充滿變動彈性和心理韌性的孩子，再也不必期待神仙教母的出現。

STORY 11

《小美人魚》替孩子阻擋風雨未必是愛

童話原著

暴風雨的突然襲擊，使得王子發生了船難。在小美人魚救了昏迷的王子之後，她便一直無法忘記王子，每到晚上，她就游到城堡外，遠遠地望著王子。小美人魚鼓起勇氣，請求巫婆幫她完成心願，但是巫婆提出的代價是，美人魚要把自己美妙的聲音獻給巫婆。巫婆說：「我有辦法讓你變成人類，但是當你的尾巴變成腳之後，走起路來會像刀割一樣疼痛，還有如果王子與別人結婚，在隔天的黎明，你將會化成泡沫而死去。」

小美人魚游到城堡的岸邊，絲毫不後悔地喝下了魔藥，全身疼痛難耐昏了過去；當她緩緩睜開雙眼，眼前的人竟是王子；但是她無法說話，因為她已經把聲音送給了巫婆。「真是個美人啊！」小美人魚的美貌和忍受著腳痛而跳的曼妙舞姿吸引了所有人的目光，王子也非常照顧小美人魚。

然而王子從未放棄找尋那次海難救他的女子，並將別的女子誤認成他的救命恩人準備結婚。小美人魚流著淚，卻無法將自己救他的真相說出口。此時姐姐們為了讓小美人魚回來，用她們的頭髮和巫婆換來一把刀，只要用這把刀殺死王子，將王子的血塗在腳上，就能再次變回人魚，否則小美人魚就會成為泡沫死去。

小美人魚看著王子睡著時安祥的臉遲遲無法下手，最後她將刀子遠遠地向海浪扔去，她的身體慢慢化做五彩繽紛的泡泡，在黎明的曙光中緩緩上升。

原有寓意

愛不對人的感情，賠了夫人又折兵。

在經典故事的原著裡，《小美人魚》算是少數沒有浪漫結局的童話故事，王子從頭到尾被矇在鼓裡，所有的犧牲奉獻、快樂痛苦都只屬於小美人魚自己，直到最後仍然是深愛王子的那個她，願意為愛付出一切，甚至是最寶貴的生命。

不少人認為這個愛情故事太美太傻，「愛不對人」的代價如此龐大，值得嗎？

我想這個問題再問小美人魚一次，她應該會點點頭表示肯定，因為她追求的不只是愛情，還有自己對生命的主導權，別人眼中的犧牲對她而言只是一種交換，換來自由、換來全新的嘗試、換一次機會、換另一種重生。試問：若小美人魚上岸的目的不是為了與王子相戀，那麼你對於值不值得會有不同答案嗎？

失去聲音的美人魚，無法開口解釋後來的發展，讓王子因誤會而愛上他人，即使與王子共度的回憶非常美好，王子也沒有愛上自己；愛情的本質正是如此，誰也無法控制對方的心，誰都不能強求結果，而最後安排出現的匕首，彷彿代替所有讀者問小美人魚：若可以重來，你的選擇是什麼？

《小美人魚》是我最欣賞的女性典範之一。她一點也不傻不天真，她明白自己失去什麼、每天被提醒付出什麼代價（忍受腳痛），卻依然享受自己爭取來的人生，當事情並未如預期的發展，最後灑脫地放手離開，看似付出一切卻什麼都沒有失去。

她內心依舊充滿著愛；她體驗了想要的人生；她擁有曾夢想得到的回憶；她用生命歷程完整了自己，不需要誰來成全。

改寫練習：如果故事長這樣……

版本一 不再受傷的人生，是你想要的嗎？

因為拯救王子而陷入愛情的小美人魚非常想要用聲音和巫婆交換雙腳，但是在父親強力反對的監視下沒有機會，甚至連姊姊們也聯手起來勸說小美人魚，一向和家人感情深厚的她，不願意自己成為家人的負擔，只好勉強答應不會再去找巫婆。

無法上岸的小美人魚，每天到海灘邊成了例行公事，如果王子出海，她就一路跟著船；若王子在王國裡，小美人魚就會在離皇宮最近的沙灘上徘徊流連，整個人失魂落魄，任何事情再也無法勾起她的興趣。

小美人魚的父親不禁有些後悔，只好偷偷去找巫婆，到底該如何挽回女兒的心？如何能讓女兒不再繼續愛王子呢？

巫婆告訴他想斷開愛情必須付出更大代價，小美人魚必須交換她所有的情緒感受，那麼她會因為無法愛上任何人而離開王子，也永遠不會傷心難過。

出乎意料的，小美人魚聽完父親的轉述竟然答應了，她很快地回到家庭生活中，一切又恢復寧靜。父親安慰自己即使小美人魚不再開心地笑，至少也不再原地踏步、困在沒有盡頭的等待中。

有一天，小美人魚和姊姊們在海上玩尋寶遊戲，找著找著遇上王子的船，王子一眼就愛上了她，但她只是看了王子一眼便轉身潛進海裡，如今對她而言，王子和海裡的貝殼已經沒什麼不同了。

愛情是一種很個人的經歷，如同生老病死，再親密的人也無法分擔協助。

愛情也是一段自我挖掘、成長的英雄歷程，生活裡任何歷練都無法增長一點點這部分的智慧，唯有親身體會，才能明白自己在愛情國度裡是什麼樣子。

名為親情之愛的保護，讓深愛小美人魚的家人成為她最深的牽絆，在這個故事裡小美人魚感受抉擇的痛苦，因此選擇過愛情之門而不入，成全了家人們的放心。若家人們明知道小美人魚的掙扎卻讓她獨自承受，甚至拿最珍貴的情感交換，那麼家人到底比較愛自己還是愛小美人魚呢？

小美人魚或許先一步領悟這殘酷的事實：家人們寧可自己放心也不願意放手祝福，這才答應交易失去感受的能力，否則日子該怎麼過？這樣的小美人魚幸福嗎？未來沒有風雨也沒有彩虹。

這樣的親情能稱之為愛嗎？又或是一種自私呢？

版本二 追求愛的決心是盲目亦或覺醒？

一眼愛上王子的小美人魚勇敢與巫婆進行交易，把自己美妙的聲音換成能上岸的雙腳，只為了與王子發生邂逅。王子發現小美人魚之後將她帶回皇宮照顧，也一起共度許多美好時光，然而隨著時間越來越久，無法說話的小美人魚發現，王子越來越少向她傾訴心事，兩人之間越來越乏味，彼此的感覺漸漸產生變化。

無法開口的小美人魚一如當初勇敢，她到海邊請姊姊們去找巫婆，問問該如何再次擁有聲音。巫婆說，愛是人類最珍貴的東西也是她從未擁有過的，想要反悔就必須用她最想要的來交換，所以要再次擁有聲音的條件是拿王子現在對小美人魚的愛，來交換聲音。

小美人魚沒有想過巫婆也需要愛，於是她問巫婆：「我願意交換，但是我不知道王子對我的愛有多少，可以嗎？」巫婆答應了。

交換那天小美人魚發出悲傷的啜泣聲，她看到巫婆從王子身上拿走對她的愛，竟然只有那麼一點點，和她以為的完全不一樣。一見鍾情的愛，原來就是這樣，小美人魚此時再問自己：「那麼，現在的我還想愛王子嗎？」

她很快就聽到心中的答案。從隔天起，重拾美妙聲音的小美人魚積極和王子接觸，她唱出療癒的歌聲撫慰王子和人民，也和王子分享交流心事談天說地，王子驚訝地發現小美人魚的觀察力入微，既有智慧又善良。王子越來越依賴小美人魚，他發現小美人魚不僅是他最好的朋友，也是他想共度今生的對象，於是他向小美人魚求婚，成為眾人祝福的一對。

《男孩、鼴鼠、狐狸與馬》書中有句話令人印象深刻：「開口求助不是放棄，反而是堅持不放棄。」誰都會對浪漫愛情心生嚮往，但真正

付諸行動、勇敢嘗試的又有幾人？在原著故事裡的小美人魚，雖然是爸爸眼中被愛情沖昏頭的無腦少女，但至少她覺察自己的渴望和期待，活著，不就是為了感受這些嗎？

延續小美人魚的人格特質，當她隱約察覺關係發生變化的時候，她會怎麼做呢？是放棄，還是想辦法為她想要的再次付出努力？答案顯而易見。而從未擁有過愛的巫婆再次提出魔鬼交易，對小美人魚的經歷又羨慕又嫉妒，能夠如此勇敢追求自己想要的愛，也是巫婆對愛感到好奇的原因，那麼強大的力量到底是什麼呢？

這個版本的小美人魚面臨生活現實和幻滅的愛，一點也不童話浪漫，小美人魚洞悉事物本質的智慧，才是每位女孩都應該學習的典範。

以為是談愛情的童話故事，寫的其實是自我覺醒的歷程。

我們無法選擇原生家庭、無法選擇手足和孩子，唯有人生伴侶，是我們唯一自主選擇的關係人，而這人對人生的影響不亞於養育我們的父母。

愛情這題，是唯一家長難以介入、幫不上忙的部分，也是許多家庭決裂衝突的爆炸引信，它是獨立成家的前導旅程，挑戰原生家庭對孩子的信任與放手，也同時考驗個人的信念與勇氣。然而愛情與其他考驗不同，面對愛情展現出的可能是「未知我」：不知道自己也會跟別人撒嬌、不知道自己佔有慾那麼強、不知道自己會胡思亂想到這種地步……

看似瘋狂的每段過程，都讓自己在愛情裡的輪廓更鮮明一點。我曾訪問過幾位高中男孩，有人感情經驗豐富、有人相對保守，然而他們卻不約而同表示：戀愛和分手經驗讓自己變得更成熟、更了解自己。

令家長們最難以放手的原因之一，莫過於擔憂孩子「愛不對人」，被愛沖昏頭的付出一切而受傷。事實上，「愛不對人」的孩子本身，在那個階段也是「不成熟」的個體，不是嗎？互相喜歡的兩人必有吸引彼此的特質，正是自己本身尚未成熟的部分，反射在如何挑選對象這個決定，因此必須共同經歷過才能理解何謂「不適合」，以這個角度來說，沒有誰是「不對的人」。

愛情未必甜美，一樣有狂風暴雨，不過以愛為名替孩子阻擋風雨，也抹去了看見彩虹的可能，我們沒有權力決定孩子應該經歷什麼，那也同時殺死了一部分的他自己。把煩惱擔心留給自己，不需要孩子成全自己的放心，這是我們對孩子最深的祝福和支持。

客座專欄
Column

與大師一起腦洞大開

《是誰奪走小美人魚的命》

作家／村子裡的凱莉哥

原版故事

請參考本書故事11《小美人魚》（P.186）

腦洞大開改寫版

「愛麗兒，你難道都不會想上岸看看嗎？」

「上岸有什麼好的？」我挑起一邊的眉毛，繼續整理一頭紅髮。

「就是看看人類那豐富的世界。」

「噢……」

父王老是抱著強烈的好奇心，希望我能出去看看外面的世界。

「你就找個時間上去看看人類吧！」

「好啦，父王你不要再說了。」

要不是父王一直形容人類世界的神奇，我一點都不想去那樣的地方，見我有所動，他看起來開心多了。

在一個清晨，我一路朝父王說的方向游，一直游一直游直到看見陽光。

「看什麼看，沒看過美女嗎？」旁邊的魚往我身上靠，我不耐煩的把牠們都撥開了。

「呼……」

來到岸邊，我將頭探出水面，和一位男子對視，他是人類？是海盜？是王子？好多個念頭一股腦的一直往我腦中竄，等不及腦子思考「噗通！」我又轉身回到水裡，我不確定他剛剛是不是真的有看到我……

「那裡有人魚！我看見了！」男子大喊著。

我心想這下不妙，魚尾擺動加大了力度奮力往前。

「抓住她啊！」

我拼命向前游，穿梭在七彩斑斕的魚群間，突然間「咻！」一張大漁網擋住了我的去路，死死卡住了我的魚尾和雙手。

「唰！」的一聲，我被拉出水面了。

船的甲板是木頭的，被太陽曬得很燙，我不習慣這麼熱的東西貼著我的皮膚。

「喂，你會講話嗎？」我認出了是剛剛在岸上和我對視的男子。

「……」

「不會講話？太好了。」

我不知道男子口中的「太好了！」是什麼意思，只知道他拿著匕首朝我走過來，匕首被我拍打魚尾濺出的水打濕，在陽光下閃閃發光十分動人。

「別看了，是你父親把你賣給我的。」他粗暴的抓住我的頭髮，我被痛的皺起眉毛，心同時也痛得揪起來。

「你父親收了我們給他的珠寶，說他的女兒任我們處置。」

父王……怪不得他一直想讓我上岸，他竟然為了珠寶出賣了我，我的眼淚像男子手上匕首的波光一般耀眼，心痛的耀眼。

「你知道人魚鱗值多少錢嗎？」男子用匕首在我臉上劃開一道，鮮血緩緩流了出來，和我的眼淚和在一起滴了下來。

「一條人魚的魚鱗，可以讓人類吃喝享樂三代，我現在開始就要富三代了！」

我想辦法要逃，但我根本逃不了，我被吊在半空中，只能惡狠狠的看著卻不能反抗他們。

「人魚鱗，當然要剝下來啊！」男子不耐煩的點菸，裊裊白煙從他嘴裡吐出，不偏不倚的吐在我臉上。

「可惜了這張美麗的臉和一頭紅髮。」

他從我魚尾根部直接扯下了鱗片，缺洞裡冒出鮮血，伸手又接連摘下好幾片，面對狂妄笑著的他，我卻無能逃脫，只能任他剝奪身上的鱗片。

我原本珍珠色的魚鱗不再閃閃發光，取而代之的是被鮮血染紅後慘不忍睹的樣子。

「哈哈哈哈，什麼大海的女兒……？」

「可惜，在人類面前你什麼也不是。」

他們嘲諷我，此時我的下半身已經開始感覺不到痛楚。

他們剝奪的何止是我的魚鱗？

是排放核汙水破壞我們家園？

是無止境的獵殺打破生態平衡？

怎麼了？這是你的家嗎？

為什麼可以肆無忌憚的濫用？

還是因為我們的反抗無聲？

海洋只有一個，毀了，誰負責？

我的心聲蓋過人類的嘲諷，慢慢的安靜下來，終有一天他們會得到處罰，我的意識也跟著視線被眼淚模糊，直到世界深處我總算不用反抗。

可惡的人類，可惡的崇高理想，這只不過是假象，世界所有的動植物都應互相尊重生存環境，才能永續。

延伸思考與提問

這個故事是我女兒，十四歲的小露改編完成的，她在故事前半段用了大家腦海中熟悉溫馨的小美人魚冒險故事，但中後段開始以殘忍的故事來帶出人類對世界造成的各種汙染，最後提到對海洋保育的問題。

根據聯合國的報告，由於氣候變遷，坦尚尼亞吉力馬扎羅山上的冰川到二〇五〇年會全部消失，千年的冰山就在這幾年人類的汙染下滅亡，於是在改寫的同時，便放入這樣的思考：我們能跟孩子一起多做些什麼？

因為氣候關係，世界上很多的動物也因為食物鏈的關係即將滅亡，首當其衝的就是北極熊，北極熊以獵食海豹維生，海豹則是以海冰為棲息地，因為全球氣溫不斷上升，海冰減少導致北極熊幾乎沒有食物，如果溫室氣體排放量不減少，北極熊將幾近滅亡，我們能為我們的下一代留下什麼？

或許，童話改編就是引導我們和孩子一同思考與對話的契機。

PART 4

特別收錄

現代寓言故事

.STORY.
12

《小島漁夫與富翁》

故事原著

一個富翁來到一個小島上度假，每天看海釣魚好不愜意，富翁向漁夫租船釣魚，幾天相處下來，富翁觀察這漁夫的生活和行為後問他說：「我看你每天釣完幾條魚就休息，為什麼不多釣幾條呢？」

漁夫說：「家裡的人夠吃就好了，為什麼要多釣呢？其他時間我可以陪我的孩子玩，做我喜歡的事啊。」

富翁：「吃不完賣掉可以賺更多錢啊。有錢就買艘新漁船，就可以捕更多的魚，賺更多錢。」

漁夫說：「然後呢？」

「你賺的錢存下來就能雇人幫你釣魚、擁有自己的船隊。」

「然後呢？」

「你還可以建魚罐頭工廠，賣到全世界去。」

「然後呢？」

「你就可以像我一樣，每年可以有一個月優閒的在這小島上度假，享受自己的人生。」

漁夫回答富翁說：「可是，這不就是我現在的生活嗎？」

原有寓意

人生可以很簡單，人類的慾望把生活變得又累又複雜。

聽了這個故事許多人感到如釋重負、恍然大悟，重新回顧自己對人生的「初心」為何，不要打拼一輩子之後才發現原來追求的快樂早就唾手可得，忙忙碌碌只為了滿足別人對成功的定義。

改寫練習：如果故事長這樣……

對富翁來說釣魚是娛樂，對漁夫來說釣魚是工作，因此漁夫完成謀生目的之後，並不會想做更多工作，而選擇把時間花在其他生活。究竟釣魚對漁夫個人而言代表什麼意義，到底是出於個人的自主選擇，或是因應環境的生存策略，才是背後真正決定是工作或娛樂的因素呢？

看到富翁給漁夫的建議，就知道富翁的工作十分複雜，與單純運用勞力換取食物的方式差距甚遠，若想說服漁夫願意更換現有模式，追求更多富翁口中的財富和權力，則需要一個驅使漁夫想這麼做的動機。

富翁想了一下說：「也許你只能在這座小島上度假，但我可以選擇在不同地方度假體驗不同生活，不只是釣魚而已。」

漁夫回答：「為什麼每個人都需要額外花時間度假呢？我每天都很愉快滿足，壓根兒沒這想法。」

這段創作對話中，富翁點出漁夫的生活看似理想，但實際上並沒有「選擇權」；漁夫卻質疑「度假」這個概念，在他的生活中完全不存在，沒有這樣的需求，又何須為了度假努力？度假是富翁認為的必要項目，但無法成為推動漁夫改變的動力。

富翁聽了有點生氣，想要給漁夫一些教訓：「你知道嗎？如果我把這座島買下來，就可以要求你每天多捕一些魚，到時候可不管你願不願意。」

「是嗎？如果我不當漁夫的話，那你就管不著了。」

「那可不一定，得看你還會做些什麼。」

富翁不服輸的競爭心態，完全反應出資本主義的「買方」思維，雖然在民主國家誰也不能真正「逼」誰做什麼，但富翁透過購買，強力改變島上的遊戲規則，因此漁夫可能沒有辦法按自己的想法生活；許多街友的人生故事與此類似，無法適應新商業模式主導的環境而被淘汰，頓時陷入惡性循環的困境裡。

現實生活中已發生如此案例；中國房地產公司買下澳洲某個島嶼使用權九十九年，透過控制登島的港口機場與公共區域，已對當地居民造成極大衝擊，甚至還要求租地的居民三天內離開。

有經濟實力的人能透過合法機制影響他人生活，為了求生而做出某些並非自願的選擇，這就是資本主義對人無形的控制。我們口中的「自由」，若進一步思考，不只是能隨心所欲，而是有能力「拒絕自己不想做的事」。

漁夫看起來毫無畏懼。他拿著釣竿思索一會兒，重新開啟話題：「我相信有很多人想得到你的建議，願意幫你工作，為什麼你偏想說服我呢？」

富翁說：「因為你活在自己的世界裡，我想讓你知道現實的殘酷啊！」

漁夫：「我曾經一整天抓不到魚，全家餓肚子，這難道不是現實嗎？」

富翁嘴角泛起微笑：「這就對了，所以才要你多釣幾隻魚賣來賺錢。」

漁夫有點困惑：「為什麼不是做魚乾、和別人交換其他食物呢？」

富翁嘆了口氣：「那萬一有天魚被捕光了怎麼辦？」

漁夫說：「既然魚被捕光，有錢也買不到魚了吧。」

這段對話裡，富翁呈現「拯救者」姿態，帶著優越感的他提出生活風險，說服漁夫同意金錢的力量。漁夫並未忽略現實考驗，事實上他可能才是首當其衝、最先察覺環境變化的人，然而他的因應之道，完全略過金錢這個選項。

身為師長的大人們，經常不自覺扮演富翁的角色，出於關愛，我們急於讓孩子知道現實社會考驗以提早做準備，但聽訓的孩子們反應和漁夫類似，總是提出似是而非的怪點子，接收不到示警意味。而透過故事，我們明白由於謀生使用的技能與邏輯不同，當富翁和漁夫面對同樣風險，自然產生截然不同的反應和生存策略。

錢或許無法買到被捕光的魚，但可以買別的東西；那麼，金錢真的能幫我們規避更多類型的風險嗎？

富翁此時有點失去耐性，他說：「唉，你根本沒有聽懂我的話，你必須為其他情況做準備，這不是跟你討論有沒有魚的問題。」

漁夫笑著回答：「這位好心人，你以為我沒想過嗎？我父親就是捕魚受傷再也無法出海，我才會從小就開始學捕魚的啊！」

富翁一聽立刻追問：「那麼你從來沒想過換個行業，不再捕魚嗎？」

漁夫說：「我喜歡當漁夫啊，而且你從來不好奇其他時間我在做什麼，我陪著兒子邊玩邊練習木工，你要不要看看我做的家具？」

看似悠閒浪漫的漁夫，原來從小已體會這行業的職業災害，生物都有趨吉避凶的本能，漁夫想必在這個行業裡找到的幸福快樂，遠勝過恐懼擔憂，才會出於熱愛仍然選擇當漁夫，充分展現人生自主權。

這個部分恐怕富翁無法體會；因為一個熱情追求幸福的人，與一個在乎規避風險的人，眼中的世界截然不同。漁夫保留的時間陪伴家人、做自己喜歡的另一件事，在他心中未必有培養第二專長的念頭，但好奇與熱情的特質，讓他自然擁有不一樣的技能。

讀到這裡我們更了解漁夫生活後，再回頭想到一開始兩人對工作和娛樂的定義，是否有些矛盾的趣味？

看似每天釣魚結束就停止「工作」的漁夫，實際上照顧小孩、鍛鍊木工都是勞動，但他享受其中當作娛樂，只是無法「賺錢」而被富翁視為無所事事。

至於認真工作、超前部署的富翁，每年還得額外排出時間度假才能無所事事，而度假時規劃的釣魚「娛樂」，從他不斷分心跟漁夫聊天的事實，推測富翁很難享受其中，還是念念不忘工作吧！

談到教育，我們都知道「內在動機」是引發自主學習的最佳途徑，當內心對自我有期許、對未來有熱情與想望，那麼就像《牧羊少年奇幻之旅》說的：「當你真心渴望追求某種事物，整個宇宙都會聯合起來幫你。」

在我接續創作的故事對話裡無非想傳達一個觀點：每個世代面對的環境現實不同，內在心靈的追求已發生本質上的改變，若我們持續用上個世代的紅蘿蔔，想引誘這批喜歡吃雜糧的驢子往前踏步，無異是緣木求魚的作法。

一座冰山融化不會發出聲響，直到冰山斷裂開始飄移，造成海洋生態與洋流劇烈變化才引起人類關注。若我們同樣留神注意，社會結構的冰山早已低聲鳴響：

❶**斜槓青年與兼差的人生現象**：創業門檻降低，大型企業保護傘逐步失靈，新世代嚮往多元經營個人品牌，或許尚需要兼差平衡收支，但不輕易固定一份薪資或工作。

❷**安靜離職興起**：新世代追求工作與生活平衡，不願升職進修承擔更多責任，以降低工作壓力為首要，重心為經營個人生活。

❸**AI科技重整人力市場**：ChatGPT 普及使用，加速擴大人工智慧於各產業運用，重新定義低階與高階人力。

除此之外再加上氣候變遷、環境汙染的挑戰，新世代若沒有產出全新的世界觀與人生觀，而是懷抱著上一代的思維，那麼只會越活越痛苦罷了。

初始版本的富翁抱持金錢萬能論——沒有錢萬萬不能的想法，仍然是目前主流的遊戲規則，然而新世代面對無法透過公平機制努力，一出生就面臨貧富差距極大的時候，試想他們的課題絕對不是該如何積極向上賺錢，取而代之的是：如果我賺不到這麼多錢，我該如何讓自己仍有幸福快樂？

傳統金錢萬能論的人也逐漸碰到軟釘子，某些產業缺工現象嚴重，有錢就能找到人做事嗎？可能雇用沒有情緒、不會生病的聰明機器人更適合，當然無形中加速對人工智慧的開發與依賴，一切都是環環相扣的蝴蝶效應。

深愛孩子的我們，或許無力影響當權人類集體按下的鈕，但我們能做的必須是保持開放彈性，當孩子的另一雙眼，理解他們並支持他們用自己的邏輯方式開創新路。

延伸閱讀 《我有一個島：卡兒哈甘》、《小島經濟學》

STORY 13

《誰搬走了我的乳酪》＋《走出迷宮》

故事原著

誰搬走了我的乳酪

從前從前，有兩隻小老鼠「嗅嗅」、「快快」和兩個小小人「哼哼」、「哈哈」，他們每天都在一座迷宮裡跑來跑去，為了努力尋找自己心愛的乳酪，有一天，終於在C號乳酪站找到了。

他們四個每天固定來到C號乳酪站大飽口福。不過有一天，嗅嗅和快快提早抵達C號乳酪站時卻發現乳酪全沒了，兩隻小老鼠立刻決定離開，開始尋找新乳酪。哼哼和哈哈也跟著來到了C號乳酪站，他們不敢置信地在原地大呼小叫，在C號乳酪站東找西找；隔天不死心又繼續返回C號乳酪站，不斷抱怨又分析到底為什麼乳酪不見了？甚至認為別人應該賠償他們失蹤的乳酪！

而已經出發的嗅嗅和快快全神貫注地尋找乳酪，最後在從未涉足的區塊發現了N號乳酪站，兩隻小老鼠立刻大快朵頤！另一頭，兩個小小人則在一陣爭論之後，哈哈靠著想像找到新乳酪大吃一頓的畫面，勇敢地踏出C號乳酪站，並沿途在迷宮留下不同鼓勵自己的標語，最後經歷過恐懼、懷疑而成長的哈哈，終於在N號乳酪站與嗅嗅和快快重逢，此時哼哼根本還沒出發呢。

走出迷宮

留在原地的哼哼守著空蕩蕩的C號乳酪站，現在只剩下他獨自一人。

最後，哼哼實在餓得受不了了，只好帶著工具出發尋找乳酪，看著沿途哈哈留下的提示讓他感到困惑並換來後悔和失望。有一天，哼哼腳邊突然出現一顆香氣四溢的「紅色石頭」與一位從沒吃過乳酪的小小人盼盼。盼盼告訴他附近有A號水果站，這種東西叫「蘋果」，但是最近盼盼發現水果變少，所以她開始尋找新來源。

哼哼和盼盼結伴同行，好一陣子都無功而返。盼盼提醒揹著工具尋找的哼哼若不更改信念，只有更努力找是行不通的；於是，哼哼與盼盼討論後決定「去瞧瞧迷宮外面的世界有什麼」，以為已經踏遍迷宮的哼哼發現，他們過去未曾探索迷宮黑暗角落的盡頭，於是兩人攜手重新檢查一遍。

其中一個黑暗角落的死巷子裡有條地道，他們爬入地道後發現一道光，終於來到迷宮之外，乳酪和蘋果享用不盡，最開心的是與哈哈再度重逢！這一次，哼哼哈哈和盼盼三人深信除了乳酪和蘋果之外，這裡應該有更多想都沒想過的東西，於是再度一起踏上探索旅程……

原有寓意

接受改變、選擇新的信念才能因應挑戰。改變想法並不會讓你變成別人，而是讓你相信的信念，帶領自己體驗享受新的事物。

史賓賽・強森博士（Spencer Johnson）多年前撰寫《誰搬走了我的乳酪》，運用簡單故事四個主角，遇到環境變化時的不同反應，引發各界熱烈討論；第二本續集《走出迷宮》的故事中，主角聚焦在唯一不願接受現實的主角哼哼，如何打破限制自我的舊信念，改變想法成功突破的過程，最後三人重逢時，哼哼哈哈和盼盼都經歷自我思考和修正，成為具有「成長型思維」的個體，完成自我蛻變英雄之旅，並攜手踏上嶄新未知的世界。

我們每個人都是哼哼、哈哈或盼盼的綜合體；對於某些事情上反應比較像哈哈，雖然不是最快有反應，但也能迅速調整因應；有些事情則相對謹慎固著，像是哼哼一樣，先經歷一段抱怨不公的情緒，才能漸漸接受現實理出頭緒；或者有時候像盼盼，自己默默觀察後採取行動，但擁有夥伴之後能激盪出更多勇氣與行動力。

接下來我好奇的是：

已經具有成長型思維的人，遇到新的困難會如何思考？

好不容易領悟的人生金句，真的可以解決所有未知難題嗎？

擁有不同特質的優秀人才，該如何共同合作？人與人構成的團隊裡，若彼此的想望不同時該怎麼辦？

我讓故事帶領我去探索這些提問。

迷宮之外的世界非常不同，正如他們預期，不只乳酪和蘋果，還有香味撲鼻的蛋糕、餅乾、火腿……，經過幾天之後，哼哼發現原來他最喜歡火腿，哈哈的最愛是巧克力蛋糕，只有盼盼沒有特別喜歡什麼食物。哼哼和哈哈直接設定目標，在第一時間打包各自最愛的食物，並確定自己胃裡吃最多的是火腿或巧克力蛋糕。

哼哼和哈哈運用脫離迷宮的成功信念：「相信事情是有可能辦到的」，加上新的生活經驗：「專注使自己更有收穫」，每天感到十分有成就感。盼盼跟著哼哼哈哈繼續探索，只不過盼盼「專注」的不是特定類別食物，而是關注任何「第一次出現」的食物，隨著新種類越來越多，盼盼用紙筆記下來以免忘了。

這趟迷宮外的旅程每天都興奮愉快，直到有一天，另一群人遠遠出現了。

盼盼是第一個發現的人，她好久沒有遇見其他人，興奮地和對方揮揮手，邁開大步走向前。哼哼看到盼盼準備過去，立刻拉住她說：「小心一點，我們不認識他們，在這裡觀察他們一下吧，說不定只是路過而已。」

看到盼盼揮手，這一群也是三個人慢慢走過來，此時剛吃完巧克力蛋糕的哈哈也注意到了。新團體成員分別是等等、想想和嗚嗚，想想先開口：「哈囉你們好，你們從哪邊過來？可以跟你們打聽一下那邊有什麼東西嗎？」

哼哼和哈哈只說得出乳酪、蘋果和自己喜歡的食物，此時盼盼拿出筆記本，分享她在上面的圖文紀錄，其他五個人看得目瞪口呆！

哈哈有點不高興：「盼盼，你怎麼沒跟我們說這些？」

哼哼發現上面有些新食物看起來不錯，也想試試。

沒想到等等開口邀請盼盼：「可以邀請妳和我們一起去嗎？」

盼盼眼睛一亮，此時她突然回想起和哼哼初見面時，她被需要被陪伴的感覺。

這個要求讓盼盼明白，她並不需要特定食物，「能打動你、讓你行動的原因不會改變」，她想要的是被需要，以及不斷發現尋找的成就感。

盼盼告別哼哼哈哈與新朋友離開。哼哼哈哈回到最初只有兩個人一起的時光，他們倆人並肩繼續走著，卻各自沉默想著心事，一切好像沒什麼不對，卻有什麼不一樣了；現在的哼哼哈哈也開始注意火腿和巧克力蛋糕之外的食物。

不過沒有時間沉默太久，再往前走遇見越來越多人，大家似乎各自有團體集體行動，像哼哼哈哈獨自行動的人並不多。哼哼哈哈越來越難找到自己喜歡的食物，有時候甚至只能拿到團體離開後剩下的食物，難怪前面遇到的三人組走的方向不大一樣。

之前最後離開乳酪站的哼哼，這次變得警覺起來，他心想：「會不會有一天食物都消失，重演迷宮裡的事件呢？我們該怎麼辦？」

哼哼回想在迷宮裡哈哈刻下的那些字句：「舊信念不能帶你找到新乳酪。」那麼現在舊信念是什麼？新乳酪又代表什麼？這句話現在還有用嗎？

哼哼跟哈哈分享他的疑惑和恐懼，哈哈思考了一會兒：「當時你選擇一個新的信念換了一副腦袋，現在就是要先找出新信念！」

那一天經過好幾個所剩無幾的食物區，哈哈發現，大家喜歡拿立刻可以吃的食物，有些需要比較久時間成熟，或是大家沒看過的新種類會被留下，這給了哈哈一個前所未有的靈感：他要去找盼盼、他們要一起回迷宮！

哼哼和哈哈一起往反方向走，沿途蒐集被留下的食物，有些路上就吃完，其他盡量塞滿口袋裡，他們很少休息不斷趕路，終於看見盼盼和三人組。哼哼哈哈看到盼盼高興極了，連忙分享他們的觀察和新想法，這次換哼哼哈哈邀請盼盼和新朋友們，一起回迷宮去！

這次回去迷宮的六人小組，蒐集最多樣化的食物，沿著地道回到迷宮後，運用迷宮內的各個房間，分開儲藏不同食物，也把迷宮外的土壤帶回去，把沒看過種類的東西種在土裡，再比對盼盼筆記本的資料……迷宮漸漸被填滿了。

六人組越來越不需要出去「找」乳酪或食物了！分類儲存成為穩定可靠的食物來源，他們再次實踐當時刻在牆上的字句：「有時候，你在看不見的時候，就得先相信。」嘗試栽種各種不知名的東西做實驗和記錄的結果，有令人驚喜的發現，也開始思考如何引進陽光等等各種問題。

故事說完了，或許，這也是另一個起點……

在新創故事裡，找不到食物的危急挑戰已然消失，各自獲取大千世界裡自己想要的養分，於是哼哼哈哈專注於搜尋最愛，盼盼則享受未知新鮮感，在這些依賴本性直覺生活的細節中，能看到原始特質的差異性。

有時候造成改變的未必是危機或挑戰，而是友誼或機會，例如：當時盼盼在迷宮裡對哼哼伸出援手、這次新的三人組對盼盼的加入邀請。對哼哼哈哈與盼盼這三人來說，因為外來的機會而領悟到個人特質的差異性，讓他們重啟對自我的覺察與了解。

迷宮外的廣大世界資源豐富，生存帶來的考驗容易凝聚合作與團結，然而人與人之間的分合，一直是另一種看不見的無形測試。「盼盼離開事件」開始讓哼哼哈哈感受到另一種「改變」，雖然當下不一定說得出來，卻能幫助自己脫離得意忘形，而漸漸回到原本狀態。

當初刻在迷宮裡、帶領他們脫胎換骨的金句，在這個接力版本中，可說通過新挑戰的「測試」，證明事情的本質萬變不離其中，看似更加複雜的挑戰，仍然能「化繁為簡」，透過最根本、基礎的核心理念，撥開重重迷障烏雲，找出解決問題最重要的關鍵。

平時持續對自我探索和觀察，也是更新和檢驗原有信念的一種方法。當年走出迷宮外是新信念，但是一旦完成之後就已成為「舊信念」，若沒有時時透過思考覺察這點，過去的成功經驗正是將自己囚禁在其中的無形牢籠。因此，當哈哈發現「返回迷宮」是新信念的時候，他不僅展現創意思考，更代表著哈哈已經領悟信念的真義，跳脫表面形式的框架了。

不論是走出迷宮的三人組，或是提早發現食物變化、向盼盼提出邀請的三人組，他們六個人的共通點就是保持觀察與思考，而我相信這是下一個世紀所有人類與任何科技最大的差異，也是我們繼續生存最需要的能力之一。

《誰搬走了我的乳酪》、《走出迷宮》是兩本深受產業界肯定與喜愛的短篇故事，簡單的故事架構卻濃縮人類常有的慣性與惰性，兼具理性思考和靈性哲學，也非常適合與孩子們共讀討論。

不論我們扮演生活中的哪個角色，唯一不變的就是必須面臨改變：

身為家長，面對孩子不斷成長改變；

身為員工或老闆，因應瞬息萬變的產業生態；

身為子女，應對長輩們老齡生活的需求；

身為投資人，必須接受股價分秒漲跌；

身為地球人，無法阻止足以引起毀滅的細微改變……。

以上這些變化，無時無刻需要我們進行各種選擇與判斷，但是我們花了多少時間思考呢？還是與書中主角一樣，依照直覺和慣性行事？

正在寫這本書之際，適逢 OpenAI 橫空出世的階段，ChatGPT 彷彿對人類文明投下一顆原子彈，將過去對科技事物的認知夷為平地，一切最好從零開始，因為我們必須拋棄舊有的框架，重新並迅速建立新的學習架構，才有可能從中找出人類的定位與機會。

OpenAI 是迷宮外的世界，我們就像突然闖出迷宮外的哼哼哈哈和盼盼，前方是未知待探索開發的新大陸，「新」意味著無限可能性，樂觀的人腦海想的多是光明面，而較為悲觀的人可能聯想到挑戰與危險；但不論你是哪種人，過去的成功經驗或多或少成為自己的「信念」，當走出迷宮的那一剎那，我們是否有意識到，方才帶領我們走出迷宮的方法已成為明日黃花的「舊信念」了？

聽起來雖然有些氣餒，但並不意味著過去發生的都不重要，相反的，我們更需要停下來思考的是過去成功經驗裡，真正讓我們願意起身行動、改變我們想法的關鍵內容到底是什麼。在最後一段故事中，哈哈運用的是原有刻在迷宮裡的思考金句，加上新的時空條件重新詮釋，依舊成功帶領他突破新危機。

面對ChatGPT無中生有的統整摘要能力，不少人如同哈哈一樣，察覺到潛在危機，開始質疑批判現有教育的內容，例如：我們還需要學寫作、學書法嗎？如果不教學科知識那要教什麼？老師和學校存在的必要性是什麼？未來什麼樣的職業會被取代呢？

以上這類型的問題，套用故事背景設定，比較像是：不吃乳酪我還能吃什麼？這些工具為什麼無法找到乳酪？往前走就一定有其他東西嗎？諸如此類的提問無關乎信念或探究本質，只是操作型問題而已。

或許我們可以效法盼盼或哈哈，觀察蒐集更多資訊，包括實際體會**AI**的能與不能以及運作模式，就能提出更多關乎本質的提問，我們很快就能發現，從古至今能夠驅使一個人行動的「自主」力，是任何科學家都設計不出的能力。

那麼下一個關鍵問題就會是：身為最了解自己孩子的家長，應該如何觀察孩子的熱情所在，進而引出他的自主學習、自發思考的意願和熱情？就算孩子喜歡唱京劇、寫書法也無須感到恐慌，因為跳脫表象事物，我們看見的是蘊藏其中最重要的元素。

因此，AI如何發展對一般人來說，就像故事迷宮外的世界有多大多廣並不重要，AI催快思考進化的過程，取代的是只會採集食物、不會思考的人而已。

故事最後，哈哈觀察迷宮外食物種類與採集的現象，進而突發奇想提出「返回迷宮」的創意方案，是我編寫故事時想起哥白尼提出地球不是宇宙中心的假說、達爾文提出物種起源的概念，這些前所未有的大膽假設，當年被視為瘋狂異端、異想天開的顛覆觀念，卻是真正帶領人類文明跨出大步的重要突破。

「不要畏懼任何奇怪的念頭，它有出現的原因與意義。」走筆至此，這個故事的寫作過程最後帶領我創造出最後這個金句，此時，正在閱讀的你想到了什麼呢，或許那就是一個重大的提示喔！

附錄練習

給親子的

腦洞大開實作挑戰題

閱讀完這本《童話逆思維》後，你對哪一個故事印象最深刻呢？心裡是不是也浮現了與書裡不一樣的版本結局、對曾經聽過的童話有了不同感受，甚或是也有自己想要改寫的經典故事？無論是哪一個，這些故事與想法可能已經在你的心裡埋下一顆想要「推翻」一點什麼的種子。

不如，現在就來挑戰看看吧！

以下將會有三個階段的闖關關卡，分別為表達練習、建立邏輯，改寫故事，每完成一個階段即可進階下一關卡，來看看你的腦洞大開功力如何！

第一關 表達練習

請挑選一個本書中令你印象最深刻的改編故事，並找到一個朋友或家人與他分享你的觀點，觀點中需包含：

1. 這個令你印象深刻的改編故事（最喜歡、最討厭或最想推翻皆可）。
2. 選擇這個故事的理由，請分享三個具體原因，例如：
   —《豌豆公主》因為棉被下有東西睡不著，但不想告訴別人的情節讓我很有共鳴，因為我生活中也發生過類似的事件（分享你的事件）。

——《放羊的孩子》因為大家都不相信他，最後他選擇讓大野狼把小羊吃掉，我覺得很難過，因為不被信任的人很可憐（分享為什麼你覺得不被信任等於很可憐）

原因一：＿＿＿＿

原因二：＿＿＿＿

原因三：＿＿＿＿

3 如果你是故事主角，你會希望自己身處原版故事、版本一，或是版本二的故事裡呢？為什麼？

將你的思緒與想法在腦袋中整理清楚後，向你的分享對象完整回答以上三個挑戰題。

第二關 建立邏輯

請試著在你從小到大聽過的故事裡選定一個你最喜歡的故事，在腦海中將故事好好播放回憶一遍。

拿出一張白紙，寫下故事中一個你覺得最不符合邏輯的情節，以及不符合邏輯的原因，例如：

——《長髮公主》

・不符合邏輯的情節：長髮姑娘被巫婆囚禁在高塔上，每當巫婆要回高塔時，便會呼喊長髮公主，讓公主沿著窗邊放下她的金色長髮。巫婆便沿著綁著鉤子的長髮爬上塔來。

・**不符合邏輯的原因**：如果長髮公主的長髮可以讓巫婆爬上來，那公主為何不剪下自己的長髮，編織成梯子自己逃跑呢？

我選定的故事是：

不符合邏輯的情節：

不符合邏輯的原因：

第三關 改寫故事

恭喜你！已經完成前兩關的挑戰練習，最後一關請閱讀以下故事並跟著延伸問題思考，寫出你心中的最佳故事。

挑戰故事《金斧頭銀斧頭》

童話原著

在森林裡砍柴的樵夫不小心將自己的斧頭掉進湖裡了，沒有了斧頭就不能砍柴了，失去生財工具的樵夫坐在湖邊嚎啕大哭，湖中的女神憐憫他，便從水中冉冉升起，並拿出一把金斧頭詢問：「你掉的是這把金斧嗎？」

樵夫看了看金斧頭，答道：「不是。」

女神再拿出一把銀斧問了同樣的問題，而樵夫也誠實回答。第三次，女神拿出一把斧頭，樵夫定眼一看正是自己的斧頭時，便如實回答。

女神認為樵夫很誠實，便將三把斧頭都賞給他。樵夫的鄰居聽到這件事後很羨慕，他也去到森林裡故意將自己的斧頭丟進河裡並佯裝哭泣，當女神出現並詢問他是否掉了金斧頭時，那個鄰居回答「是的」，女神聽了後回到河裡再也沒有出現，貪婪的鄰居連自己的斧頭都沒有取回。

原有寓意 誠實才會得到回報。

童話裡的腦洞大開

Q1 你也曾經弄丟過重要的東西嗎？當時發生了什麼事？如何解決的？

Q2 如果你是樵夫，當你把重要的生財工具弄不見，而現實生活中又沒有湖中女神出現時，你能想到哪些補救方法呢？

Q3 如果你是湖中女神，你會想對樵夫說什麼？會將三把斧頭都送給樵夫嗎？為什麼？如果不會，你會對樵夫做什麼？

Q4 如果你是樵夫的鄰居，你會選擇怎麼做呢？

改寫練習：寫下你心目中的《金斧頭與銀斧頭》

為什麼故事要這樣寫

Q1 為什麼想要改寫這個版本呢？

Q2 如果要將這個故事送給一個你認識的人，你會送給誰？為什麼？

恭喜你通過三關考驗！找個時間也讓好友家人試著挑戰看看，一起在生活中發揮創意，挖掘無限可能！

掃描即可下載附錄練習

國家圖書館出版品預行編目(CIP)資料

童話逆思維：破框思考的床邊故事，培養孩子成長最需要的創意、思考與對話／羅怡君作. -- 一版. -- 臺北市：禾禾文化工作室，2023.11
面；　公分. --（Printemps；6）
ISBN 978-626-96718-8-5（平裝）

1.CST: 親職教育　2.CST: 兒童故事

528.2　　112016619

PRINTEMPS 06

童話逆思維

破框思考的床邊故事，
培養孩子成長最需要的創意、思考與對話

作　　者：羅怡君
責任編輯：陳品潔
版面設計：比比司設計、菩薩蠻數位文化有限公司
全書排版：菩薩蠻數位文化有限公司
行銷業務：平蘆

出　　版：禾禾文化工作室
社　　長：鄭美連
發　　行：禾禾文化工作室
地　　址：台北市北投區中央南路二段28號5樓之一
電　　話：(02)28836670
E m a i l：culturehoho@gmail.com
總 經 銷：大和書報圖書股份有限公司

印　　製：呈靖彩藝股份有限公司
初版一刷：2023年11月
定　　價：390元